LA

NOUVELLE ORIENTATION ÉCONOMIQUE

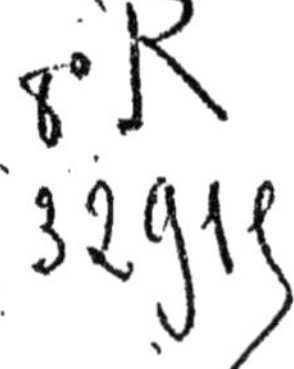

OUVRAGES DU MÊME AUTEUR

A LA MÊME LIBRAIRIE

Ouvriers du temps passé (XVe et XVIe siècles). 4e édition revue. 1 vol. in-8 . . . . **6 fr.** »

Le principe des nationalités. 1 brochure in-8 . . . **0 fr. 60**

Travailleurs et marchands dans l'ancienne France. 1 volume in-8. . . . . **14 fr.** »

La France d'aujourd'hui et ses colonies. En collaboration avec MM. H. Busson et J. Fèvre. 1 vol. in-16, avec 79 gravures et 94 cartes . . . . **14 fr.** »

Les principales puissances d'aujourd'hui. En collaboration avec MM. H. Busson et J. Fèvre. 1 vol. in-16, avec 82 gravures et 118 cartes. . . . . **12 fr.** »

LA

NOUVELLE ORIENTATION ÉCONOMIQUE

PAR

Henri HAUSER

CORRESPONDANT DE L'INSTITUT
PROFESSEUR A LA SORBONNE
ET AU CONSERVATOIRE NATIONAL DES ARTS ET MÉTIERS

PARIS
LIBRAIRIE FÉLIX ALCAN
108, BOULEVARD SAINT-GERMAIN, 108

1924

AVANT-PROPOS

Nos premiers mots seront pour nous excuser auprès du lecteur.

De qui écrit, le lecteur, légitimement, attend un livre. C'est-à-dire un exposé systématique de faits et de doctrines, un tout, et qui se tienne; un ensemble de chapitres coordonnés, qui portent tous la même date, qui reflètent tous la même nuance de pensée. Et nous lui offrons des articles, choisis parmi ceux que nous avons publiés entre 1919 et 1922. Quelques efforts que nous ayons faits pour les rajeunir, pour en effacer, par quelques retouches discrètes, les marques de l'heure, nous ne nous dissimulons pas que chacun porte sa date[1].

Que le lecteur ne croie pas que nous ayons pris ce parti pour obéir à la suggestion d'une inconsciente paresse. Non, si nous avons laissé à ces études leur caractère d'ébauches provisoires et successives, c'est qu'il nous paraît impossible, en cette époque mouvante, de présenter autre chose qu'une série d'approximations

1. Ils ont paru les uns dans l'*Action nationale*, les autres dans *France nouvelle*.

d'une vérité qui se fait. Vouloir dégager des faits économiques actuels une doctrine, ce serait tenter une œuvre factice, vaine, dangereuse même, qui peut séduire un économiste, mais devant laquelle d'instinct un historien recule.

« La guerre, disait en 1919 un écrivain belge[1], la guerre aura tué la doctrine. » Là-dessus, les économistes de se récrier que leur science demeure intacte, qu'elle a subi victorieusement l'épreuve des faits. Querelle de mots. Il est aussi vain de proclamer le caractère intangible de la Science que d'annoncer à grand fracas la faillite de l'économie politique. Les phénomènes économiques sont, comme tous les autres phénomènes, soumis à des conditions variables de temps et de milieu. Les lois économiques les mieux établies ne s'appliquent, à l'instar des lois biologiques ou des lois physiques elles-mêmes, que *toutes choses égales d'ailleurs*. Et comme le fait économique est plus complexe, infiniment, que le fait biologique, lequel est infiniment plus complexe que le fait physico-chimique, le nombre des choses qui peuvent être « inégales d'ailleurs » est ici plus considérable.

Il serait temps, en somme, d'écrire une thèse *De la relativité des lois économiques*. Turgot, intendant du Limousin, veut appliquer la doctrine. Mais Turgot est un administrateur, un homme qui mène des hommes,

1. Albert Devèze. *Aujourd'hui, étude pour l'après-guerre économique*, Paris.

Vienne une disette en son inféconde province (et cette disette coïncide avec de mauvaises récoltes dans les pays exportateurs), Turgot, qui ne veut pas que les Limousins meurent de faim, achète du blé à Nantes, à la Rochelle, à Bordeaux, à Dantzig. Il n'hésite pas « à faire ouvrir les greniers et dégorger les usuriers qui resserrent le blé[1] ». Contrôleur-général, il organisera, pour lutter contre la cherté, la vente de la morue cuite[2]. Il osera même appliquer aux Messageries le système de la régie directe, n'en déplaise à ceux qui raillent « le Roi qui s'est fait messager et se charge lui-même de voiturer », tout comme l'on raille aujourd'hui l'État marchand de viande... Aux réprimandes doctorales de du Pont de Nemours, il répond en reprochant à son ami de sacrifier « à l'esprit de secte ». Turgot ne vivait pas en pays d'Utopie, au temps d'Uchronie, mais en France, en 1770, en 1775. Nous vivons en 1922.

« Qu'après la guerre, disait déjà Friedrich Naumann, les choses puissent reprendre même train que devant, le croie qui voudra. » Nous ne le croirons pas. Et nous pensons que de toutes les folies qui furent dites avant comme après la paix, la plus folle fut celle d'un homme d'État anglais : *business as usual*. Non, même après la paix, nous ne pouvons reprendre *business as usual*[3].

1. *Œuvres de Turgot*, éd. Schelle, t. III, p. 382, lettre à du Pont, 23 mars 1770.

2. *Ibid.*, t. IV, p. 328.

3. Nous avions développé ces idées dans une conférence, donnée à Anvers et à Mons en janvier 1920 (*La nouvelle économie mondiale et*

Il est étrange que les économistes qui se lamentent sur la rupture des anciens liens économiques soient les mêmes qui voudraient nous enfermer dans des formules de production et d'échange faites pour un temps qui est passé. Sans retour? Nous n'en savons rien. Mais il est vraisemblable que notre vie d'hommes — j'entends de ceux qui ont franchi la cinquantaine — s'achèvera encore avant que puisse être réinstauré dans le monde le système de la liberté des échanges tel qu'il existait en 1914.

On n'a sans doute pas oublié le fameux exposé de l'état économique du monde par où s'ouvrait le livre de M. J.-M. Keynes, *The economic consequences of the peace* [1]. C'est le tableau d'un monde détruit. Et M. Keynes indiquait que, même sans la guerre, ce tableau, de moins en moins, aurait correspondu à la réalité. Déjà l'industrialisation des États-Unis et la croissance des pays neufs conspiraient à détruire cet ensemble économique européen auquel pouvait s'appliquer, tant bien que mal, la doctrine de Manchester. La guerre n'a fait que précipiter une évolution dès longtemps commencée.

Elle l'a précipitée parce qu'elle a déterminé une raréfaction des matières premières. Cette raréfaction n'a pas seulement survécu à la paix, elle a été aggravée par la paix. C'est ce que semblent, en vérité, oublier

les relations franco-belges), parue dans la *Revue bleue*, 6 et 13 novembre 1920. Nous les avons reprises dans *la Vie des Peuples* du 10 avril 1922.

1. Nous l'avons étudié dans l'*Action nationale* d'avril 1920.

les économistes qui proposent de revenir, sans tarder, au jeu des lois économiques d'avant-guerre. Politiquement, territorialement, le monde — à part certains foyers d'incendie et bien des tas de cendres mal éteintes — peut être considéré comme en paix. Mais les conséquences économiques de la guerre sont loin d'être épuisées. L'erreur fatale, croyons-nous, des gouvernements alliés depuis 1918 a été de ne pas se rendre à cette évidence. Ils ont voulu pratiquer une doctrine qui n'était plus en accord avec la réalité des faits. Le manchestérianisme était né dans une période de surabondance, période où le client faisait la loi au vendeur. Nous sommes dans une période inverse, où c'est le détenteur des « commodités » qui attend, derrière son comptoir, les « offres » de l'acheteur. Car les mots d'*offre* et de *demande* ont changé de sens. On offre de l'argent pour des produits, et non plus des produits pour de l'argent. Par une régression dont il faut prendre son parti, nous revenons à un état économique plus voisin de celui du XVIIe siècle que de celui du XXe siècle naissant.

De là, le déséquilibre des changes. Les États qui ont besoin de produits doivent se procurer des devises pour les payer. Leur « recommander », comme le font les conférences, de revenir le plus tôt possible à l'étalon d'or, cela serait plaisant, si la plaisanterie n'était sinistre. Et l'on s'étonne de voir des économistes de la plus haute valeur, de ceux qui savent le plus patiemment étudier et le plus exactement décrire les faits, consentir aux idoles de la secte ce sacrifice d'écrire : « La liberté des transactions internationales, telle est, en fin de compte, la seule voie sûre qui puisse ramener à l'équilibre la balance des comptes des nations européennes, bouleversée par la guerre »[1].

Liberté des transactions internationales, ce serait, à l'heure actuelle, le triomphe des puissants, des enrichis de la guerre, l'écrasement des faibles ; ce serait, en particulier, l'étouffement des jeunes économies nationales qui sont nées ou se sont élargies à l'abri des nouvelles frontières, et dont quelques-unes commencent à compter dans le monde. Elles ne peuvent se soutenir, encore, que par des mesures d'État et par des ententes d'État à État. Pourquoi, au reste, seraient-elles plus fidèles aux principes de la liberté économique que les grosses puissances, les États-Unis, l'Empire britannique ? Ces géants du monde nouveau pratiquent un double protectionnisme. Un protectionnisme à l'entrée, que la troisième des Quatorze propositions wilsoniennes permet et, en fait, conseille d'élever jusqu'aux plus grandes hauteurs, pourvu que ces barrières soient également inaccessibles à tous ; quant à l'Empire britannique, si le taux de ses droits est plus modéré, il élude le dogme de l'égalité des tarifs grâce au stratagème de la préférence impériale. Protectionnisme à la sortie, lequel

1. Ch. Rist. *Le Retour à l'Or*. Paris-Bruxelles (*Moniteur des Intérêts Matériels*), 1921-1922.

tend à réserver aux États détenteurs de matières premières le monopole de ces matières, et leur permet de maintenir les autres Etats en une espèce de servage économique. La monnaie forte joue ici le rôle d'un formidable droit de sortie, et parfois s'ajoute à un vrai droit de sortie apparent ou déguisé.

Et c'est aux États pauvres, obligés d'acheter des dollars ou des livres pour se nourrir et se vêtir, pour fournir du travail à leurs ouvriers, que les États riches veulent imposer, au nom des lois de l'économie politique, « la liberté des transactions internationales ». C'est l'anarchie internationale qu'il faudrait dire, et le droit du plus fort.

Le plus fort finira-t-il par comprendre qu'il est solidaire du plus faible ?

La crise actuelle, avons-nous écrit ailleurs [1], est à la fois « une crise de sous-production dans les États pauvres et une crise de surproduction dans les États riches ; les États pauvres ne peuvent plus acheter, les États riches ne peuvent plus vendre ». Nous ajoutions : « Les États-Unis ne semblent pas avoir compris, puisqu'ils persistent à écarter, comme ils l'ont écartée dès le début, précisément la seule des propositions de J.-M. Keynes qui visait au rétablissement de l'équilibre, à savoir l'annulation des dettes interalliées. Ils ne comprendront pas avant le jour où le marché sud-amé-

1. *Vie des Peuples*, avril 1923, p. 948-949 et 959 et suiv.

ricain sera complètemement saturé, le jour où la concurrence japonaise leur fermera l'Extrême-Orient. Ce jour-là, ils se souviendront qu'il est un marché européen ». Ce jour va-t-il venir, maintenant qu'une seule firme d'automobiles a dû mettre en chômage 100.000 ouvriers? La crainte de graves crises sociales sera-t-elle, pour les barons de Broadway, le commencement de la sagesse ?

L'Angleterre, sous la pression du chômage, a compris une partie du problème, mais une partie seulement : la donnée allemande et la donnée autrichienne. Londres ne paraît pas encore s'apercevoir qu'il est une Europe en dehors de l'Allemagne et de l'Autriche, voire de la Russie. Il ne se décide pas non plus à prendre les mesures qui feraient, de nouveau, du continent un acheteur de produits anglais.

Ainsi se poursuit une nouvelle guerre, une guerre économique entre les pays à monnaie forte, qui vendent cher leurs matières, et les pays à change bas, qui exportent à vil prix leurs produits.

En cette anarchie économique, une nécessité s'impose aux États pauvres ou appauvris : celle de vivre, de se défendre, d'utiliser au maximun leurs avantages. Mais c'est vanité ou préjugé d'école de croire que la mise en valeur de ces avantages peut être abandonnée au libre jeu des initiatives individuelles. L'intérêt général ne coïncide pas toujours exactement avec la somme des intérêts particuliers. Puisque la période actuelle est une période de guerre économique, il faut aux peuples, tant qu'elle dure, des institutions économiques de guerre, et une unité de direction.

L'Allemagne, rompue par son passé à la pratique de l'organisation, l'a compris la première. Elle reste, sous des formes neuves, la puissante firme collective, l'armée industrielle qu'elle était hier. Parmi les nouveaux États, il en est un au moins qui l'a supérieurement compris : l'organisation, à la fois étatiste et collective, de l'industrie sucrière tchécoslovaque est un modèle pour tout État momentanément pauvre, et qui a des richesses à monnayer[1] ; les mesures prises hier pour parer aux effets paradoxaux du relèvement de la couronne tchèque est un autre exemple de ces bienfaits de l'organisation, telle qu'elle s'impose à l'heure où nous sommes. Il ne s'agit pas de savoir si l'organisation est désirable ; elle est nécessaire.

Tant que les Français ne se seront pas persuadés de cette vérité ; tant qu'ils confondront 1922 avec 1860 ; tant qu'ils se refuseront à voir le monde tel qu'il est, un monde de luttes âpres et d'ardentes convoitises ; tant qu'ils ne voudront pas se plier aux disciplines indispensables, la France ne trouvera pas l'orientation économique nouvelle, du moins celle qui convient au temps où nous vivons.

1. *L'économie tchécoslovaque* (dans *Revue économique internationale*, 25 février 1922), p. 249 n. 1 et *L'industrie tchécoslovaque* (dans *Chimie et industrie*, février 1922).

C'est cette orientation que nous avons essayé de discerner, à part de tout dogmatisme, en suivant l'évolution même des faits, en tâchant de modeler notre pensée sur la réalité mouvante, à mesure que cette réalité se faisait plus précise.

Une orientation, non une doctrine. Pour longtemps encore, nous ne pourrons rien faire de mieux que de chercher un chemin. Je ne sais pas si, vraiment, « la guerre a tué la doctrine » ; mais elle l'a mise en sommeil.

En attendant qu'elle se réveille, efforçons-nous à vivre en nous adaptant aux conditions de ces heures dures. Bon gré mal gré, il nous faut construire une économie nationale.

Pour la construire, débarrassons-nous de toute préoccupation doctrinale. Il est puéril de se demander si la science économique s'est écroulée. Une science ne s'écroule pas comme cela. Mais il ne serait pas moins puéril de nier que les économistes se sont lourdement trompés dans la plupart de leurs prévisions et de leurs raisonnements.

Ils nous promettaient une guerre qui coûterait cher et qui, par conséquent, serait brève. Elle a coûté mille fois plus cher qu'ils ne le supposaient, et elle a duré. Ils nous enseignaient que le monde ne vivait désormais et ne pouvait vivre que sous le régime de l'économie-or : tous les États ont fait des obus, des canons, des vêtements, des aliments avec du papier. Après la guerre, ils ont annoncé que les lois économiques, un moment entravées dans leur action, allaient reprendre leurs droits. Ils ont dit que les anciens courants d'échange allaient de nouveau circuler sur les mêmes routes, et se concentrer autour des mêmes points qu'autrefois : nous avons vu, au contraire, une place internationale comme Vienne perdre son importance, et se former des groupements économiques imprévus. Ils prêchaient aux peuples l'évangile de la production : ils ne prévoyaient pas la sous-consommation. Ils prophétisaient la ruine des nations qui persisteraient dans les voies sataniques de l'inflation fiduciaire : l'Allemagne a fourni la preuve que l'on pouvait très bien vivre, et produire, faire fumer ses cheminées, faire circuler ses trains, payer ses ouvriers, bien plus construire des navires, des voies ferrées, des maisons et des usines, creuser des canaux, installer des forces électriques avec une monnaie qui se déprécie constamment ; elle a démontré en outre qu'il y avait là un moyen inélégant, mais infaillible, pour ne pas payer ses dettes les plus sacrées. Tout au rebours, les pays restés fidèles à la monnaie d'or ou ceux qui ont fait effort pour y revenir, ce sont ceux-là qui ont connu la plaie hideuse du chômage ; c'est à ceux-là, quand ils sont débiteurs, que l'on réclame impitoyablement le paiement de leurs dettes.

Devant la chute de certaines devises, on nous a dit périodiquement : cela ne peut tomber plus bas; sinon, c'est la catastrophe finale, la descente jusqu'au zéro. Les faits ont répondu, par exemple en Autriche, qu'en cette matière il n'existait pas de zéro. Ou du moins le zéro est-il, comme diraient les géomètres, une *limite* dont la monnaie descendante se rapproche sans cesse sans l'atteindre jamais. La couronne autrichienne, qui valait 1 fr. 05 d'*or*, vaut 1/2 ou 3/4 de millime-or, voilà tout. On n'en vit pas moins à Vienne et, n'en déplaise aux âmes compatissantes ou aux discours officiels, la majorité de la population y vit assez bien. Qu'importe à la population ouvrière de sortir un billet de mille pour chaque course en tramway, si ses salaires ont crû en proportion. Quant à la paysannerie tyrolienne ou styrienne, elle se réjouit de cet état de choses, qui l'enrichit, comme il enrichit les spéculateurs et même les marchands. Le *Mittelstand* souffre, cruellement, car il doit vivre avec des ressources nominales dont le pouvoir réel d'achat baisse tous les jours; l'industrie est hors d'état d'acheter au dehors des matières premières. Mais il n'y a pas là de raison absolue pour que la couronne, sur la place de Zurich, ne descende pas demain à 1/4, ou à 1/8[1].

La dernière découverte des économistes, ce fut la suivante : prendre son parti, une fois pour toutes, du déséquilibre des changes, le passer par profits et pertes. On aurait divisé les devises en deux catégories : celles qu'on jugeait susceptibles de revenir au pair de l'or,

(1) Ceci écrit — tant les choses vont vite — avant l'effort récent pour stabiliser la couronne.

les devises nobles — et les autres. Pour celles-ci, on aurait considéré leur chute comme définitive, et, pour leur éviter une descente ultérieure, on leur aurait fixé un pair nouveau. Admettons — c'était l'hypothèse la plus large — que le franc français eût été considéré comme la plus faible des monnaies capables de revenir, dans un temps très long, à sa valeur ancienne; toutes les monnaies inférieures au franc auraient donc été stabilisées à leur valeur actuelle, par rapport au dollar ou au franc suisse. Il était, disait-on, impossible que ces monnaies pussent jamais se relever.

A peine l'encre avait-elle séché que ces prophéties recevaient des faits les plus éclatants démentis. En un an, l'une de ces monnaies faibles, la couronne tchécoslovaque, a beaucoup plus que doublé par rapport à notre franc. Que cette hausse présente, momentanément, plus d'inconvénients que d'avantages, cela est une autre question, que nous avons déjà effleurée. Mais il est démontré qu'une monnaie dépréciée peut se relever, et très vite, par de vigoureux soubresauts. Bien hardis ceux qui proclameraient aujourd'hui que jamais plus cinq francs ne vaudront un dollar.

La réalité se joue des théories. Et tant d'erreurs devraient nous rendre modestes.

LA

NOUVELLE ORIENTATION ÉCONOMIQUE

CHAPITRE PREMIER

UN BILAN DE LA GUERRE

C'est une belle chose que l'amour de la vérité, — de la vérité à tout prix. Dût notre cœur en souffrir, nous avons besoin de voir les choses comme elles sont, laides ou belles ; à cette seule condition, notre action sera droite et féconde. Nous devons donc de la reconnaissance aux hommes courageux qui, déchirant les voiles séduisants de l'illusion, nous révèlent, en sa nudité tragique, la sèche, la dure réalité.

Les traiter de pessimistes, les accuser d'énerver les âmes, c'est leur chercher une mauvaise querelle. Notons, cependant, qu'il est deux sortes de pessimisme. Il est un pessimisme viril, dont l'amertume, comme celle de certains remèdes, ne laisse pas d'être fortifiante ; le pessimisme héroïque de ceux qui, ayant fait la part des bonnes et des mauvaises chances, n'ont pas besoin « d'espérer pour entreprendre, ni de réussir pour persévérer ». Il est un autre pessimisme, dont l'amertume se change en âcreté, pessimisme découragé et décourageant, qui éloigne de l'action en la représentant comme inutile et nécessairement décevante.

Ce pessimisme-là n'est pas moins dangereux que l'optimisme béat, et il n'est pas moins faux. S'il est contraire à l'esprit scientifique de ne voir que le beau côté des choses, il ne l'est pas moins d'en voir uniquement et toujours l'envers. Assurément, nous fûmes souvent victimes, durant la guerre, de ce qu'on appela le « bourrage de crâne ». Mais aussi, à côté de ceux qui nous bourraient le crâne de folles, d'irréalisables espérances, il y avait les autres bourreurs de crânes (pourquoi, je vous le demande, ne leur donnait-on jamais ce nom ?), ceux qui nous bourraient de terreurs insensées, d'effarantes images. Ni les uns ni les autres ne disant la vérité, lesquels valaient moins, après tout, les prometteurs imprudents de la triomphale victoire ou les annonciateurs éperdus de l'irrémédiable écroulement ?

Et maintenant qu'à la guerre ont succédé les luttes sévères de la paix, défions-nous des deux espèces de prophètes, des faiseurs de paradis qui nous disaient hier : « l'Allemagne paiera ! », mais aussi de ceux dont les lamentations évoquent le spectre de la hideuse banqueroute.

I

Est-ce un prophète, cet écrivain masqué de mystère — il signe *Trustee* — qui entreprenait hier de dresser devant nous le « bilan de la guerre »[1] ? Le bilan, c'est-à-dire le compte, par doit et avoir, par profits et pertes, comme s'il s'agissait d'une entreprise industrielle.

C'est là, dira-t-on, une vue bien matérialiste des choses. La guerre, n'est pas qu'une affaire. Assurément, mais elle est aussi une affaire. Et si nous voulons voir clair dans les résultats matériels de la guerre, il importe, par l'analyse, d'écarter tout ce qui n'est pas matière. Entendons-nous bien ; il nous serait démontré que la guerre fut, matériellement, une déplorable opération, cela ne voudrait pas dire que le peuple de France eut tort de la faire, ou du moins de l'accepter. L'honneur national, l'impossibilité morale où nous étions de nous soumettre aux injonctions impériales du 2 août 1914, notre volonté de n'être pas réduits à l'état d'esclaves, la libération de quinze cent mille Français, la sécurité de l'Algérie, l'équilibre européen, ce sont là aussi des valeurs, tout comme le charbon, le fer, le pétrole ou la betterave Seulement elles ne se pèsent pas dans les mêmes balances.

Lorsque vous achetez une propriété, vous faites entrer en ligne de compte la position, la vue, les fleurs et les bois, l'air qu'on y respire et le charme des eaux murmurantes. Mais vous ne demandez pas à votre architecte son opinion sur le chant des oiseaux qui se luti-

1. Trustee. *Le Bilan de la guerre*, in-17 de la collection (*Les problèmes d'aujourd'hui*) ; 163 p. ; 5 fr. (Plon-Nourrit et Cie, imprimeurs-éditeurs).

nent sous les charmilles : vous le consultez sur la solidité du toit, des murs, des fondations. A votre notaire, vous demandez si la terre est ou non grevée d'hypothèques ou de servitudes, vous ne l'interrogerez pas sur la composition siliceuse ou calcaire de votre sol. A votre banquier de vous dire si vous avez de quoi payer, ou si vous pouvez emprunter, et à quel taux. Votre décision, d'acheter ou de ne pas acheter, sera la résultante de tous ces avis, la synthèse de ces analyses. La synthèse sera d'autant plus sûre que chacune des analyses aura été plus exacte, faite pour elle-même et pour elle seule, avec la considération unique de son objet spécial.

Donc, le bilan de la guerre, c'est la réponse à cette seule question : l'État, en août 1914, a pris en charge l'entreprise France ; peu à peu, au fur et à mesure que se liquident les organismes de guerre, il remet cette entreprise entre les mains du propriétaire, qui est la nation. Que valait l'affaire en 1914, que vaut-elle en 1921 ? Quels sont les résultats de la gestion de guerre ? Nous n'en saurons jamais rien, si, au lieu d'aligner des chiffres, nous disons : Mais les soldats de la République sont entrés dans Strasbourg au vent des drapeaux et sous les fleurs ; mais nous sommes chez nous d'Agadir à Gabès ; mais un ambassadeur allemand ne viendra plus frapper du poing sur notre table... Cela, eût dit Pascal, est d'un autre ordre. Restons dans l'ordre des valeurs qui se mesurent, qui se pèsent, qui se comptent.

Ce fondement posé, « la guerre considérée comme une entreprise économique », Trustee montre que l'histoire économique de la guerre se résume en ceci : l'État, qu'il s'agisse de l'État français, allemand ou anglais, finalement de l'État fédéral américain, ou même des États neutres, l'État s'est fait entrepreneur, chef d'industrie. Et il a eu tendance à devenir le seul chef d'industrie, absorbant en soi toutes les entreprises nationales. Il n'y a pas complètement réussi, même en Allemagne, où l'expérience, sous la direction de Rathenau, a été le plus consciemment poussée le plus loin. Mais partout s'est produite la tendance à l'étatisme. « Son envahissement a été méthodique et régulier. Il ne fut pas prémédité, mais il fut irrésistible. Il s'est révélé comme inhérent à l'état de guerre moderne. »

D'où nous pouvons, soit dit en passant, conclure à la vanité des anathèmes que les économistes du temps de guerre lançaient contre l'étatisme. Il est puéril de vouloir une chose et son contraire. Il était fou de vouloir la guerre, et la victoire, en repoussant les conditions économiques de la victoire et de la guerre. On irait, croyons-nous, jusqu'au bout de la pensée de Trustee, en disant que la faiblesse de l'étatisme de guerre fut d'être incomplet. Une réquisition industrielle menée jusqu'au bout nous eût évité le scandale et le danger des bénéfices colossaux, générateurs des salaires énormes, etc. « La formidable machinerie administrative », dit fort bien notre auteur, péchait « à la fois par un excès de prétention et par une excessive timidité. » Le temps est passé de la guerre — même économique — en dentelles.

Si nous considérons la guerre comme une entreprise industrielle, pouvons-nous, à la date où nous sommes, en arrêter le compte, faire le total de l'actif et du passif et, entre les deux chiffres, tirer une ligne noire ? Non ; car « la période économique de guerre n'est pas finie ». Rien n'est plus vrai. Mais alors, sans entrer encore ici dans la critique de cet exposé, est-ce que tout l'ouvrage de Trustee n'est pas vicié d'avance par cette prétention d'arrêter le compte d'un événement historique qui dure encore ? A quelles erreurs se seraient exposés les historiens s'ils avaient voulu arrêter en 1799, voire en 1815, le bilan, même purement économique, de la Révolution française, ou en 1865 celui de la guerre de Sécession ? C'est vers la fin du XIXe siècle, c'est au plus tôt en 1880, que l'Amérique put faire la balance des résultats de cette guerre. Si la guerre de 1914-1918 fut pour nous une bonne ou une mauvaise affaire, je vous le dirai dans cinquante ans, suivant que l'Allemagne aura ou non payé ses annuités, suivant que nous aurons ou non échangé notre fer contre son charbon, suivant que nos colonies auront été mises en valeur, suivant que nos alliés auront ou non abusé de nos sacrifices, etc.

Mais acceptons, provisoirement, l'établissement d'un bilan provisoire. Quels en seront les éléments ?

Tout d'abord, Trustee insiste avec une louable énergie

sur la distinction qu'il faut faire entre ces deux choses : « le bilan économique de la France » et le « bilan financier de l'État ». On pourrait, à la rigueur, imaginer un État riche dans une nation pauvre, et réciproquement. Financièrement parlant, l'État est un distributeur de richesses, un répartiteur ; il ne change pas la consistance des richesses nationales. Par l'impôt, par l'emprunt, par les rentes, traitements, allocations ou pensions, il prend aux uns pour donner aux autres. Il opère à tout instant d'immenses transferts de propriété. C'est même ce qu'en langage abrégé on appelle des révolutions. Mais le chiffre de sa dette, qui peut devenir une cause de ruine pour son budget, n'intéresse la nation que dans la mesure où cette dette est une dette extérieure. Les créances de l'État, comme celles des particuliers d'ailleurs, ne nous enrichissent que si ce sont des créances sur l'étranger.

« Qu'est-ce donc enfin que la richesse d'un pays ? Rien de plus que la somme des patrimoines particuliers qui s'y trouvent. » Nous verrons plus tard si cette définition, qui semble arithmétiquement indiscutable, couvre bien tout le réel. Que si nous l'admettons sous bénéfice d'inventaire, nous sommes fatalement amenés avec l'auteur à cette déduction : « Au strict point de vue économique, la seule chose intéressante est de savoir dans quelle mesure une entreprise comme la guerre modifie la consistance des patrimoines individuels des Français. »

Les guerres de l'ancien droit, qui étaient des guerres pour le butin, modifiaient en l'accroissant la consistance des patrimoines individuels des vainqueurs. Si les Allemands avaient triomphé, s'ils avaient pu conserver par devers eux, et installer durablement dans leurs usines les machines ou les stocks volés en Belgique ou dans le Nord, garder sur leurs biens-fonds le cheptel ou dans leurs hôtels les œuvres d'art, l'Allemagne se serait enrichie, positivement. « La France ne s'enrichit que si, à l'intérieur de ses frontières, chacun de ses habitants reçoit, en moyenne, un supplément de richesses. »

Vous avez lu : « à l'intérieur de ses frontières ». Le bilan porte sur les Français de 1914, sur ceux-là seulement. Trustee ne fait pas entrer en ligne de compte les nouveaux Français. Que l'Alsace et une partie de la Lorraine aient été recouvrées, il y a là de quoi réjouir nos cœurs et, politiquement, nous satisfaire. Mais Trustee estime que rien, économiquement, n'a été changé. Les 1.800.000 nouveaux Français existaient avant 1914, produisaient, consommaient. Ils continueront à produire, mais aussi à consommer. Les Français, tels que le droit public les définissait en 1914, ne prendront, sous forme de butin ou de tribut, aucune part du patrimoine des Alsaciens et des Lorrains, seul moyen de tirer de la réannexion « un bénéfice réel ». Je résume, aussi fidèlement que possible. Pour l'instant je ne discute pas.

Je ne discute pas davantage cette affirmation que les mines lorraines[1], le pétrole ou les potasses d'Alsace, les textiles alsaciens ne constituent pas pour nous un enrichissement parce que « nous avons du minerai de fer à revendre » et, s'il est vrai que notre puissance d'exportation se trouve accrue, « l'exportation n'est pas par elle-même un bénéfice national, en temps normal[2] » ; parce que, les cotonnades alsaciennes, « nous les paierons en nature, aux manufacturiers et aux ouvriers alsaciens que nous ne ferons pas travailler comme des esclaves » ; parce que, si la potasse alsacienne peut servir à notre agriculture, il faudra défalquer de ce produit les frais d'exploitation... D'où il suit que l'opération alsacienne, économiquement parlant, serait une opération blanche. « Tout se passera comme si l'Alsace et la Lorraine constituaient un État indépendant avec qui nous aurions des relations économiques très suivies. » Lorsque saint Louis a reçu la Provence, ou Louis XI la Bourgogne, ils n'ont rien gagné, rien, s'ils n'ont rien pris aux Provençaux ni aux Bourguignons. C'est tout juste si notre impitoyable commissaire aux comptes nous concède qu'il y a « une parcelle de vérité » dans la croyance que la récupération des provinces perdues nous rendra, sur certains points, « moins tributaires de l'étranger », et aussi que le Rhin est une nouvelle

1. L'auteur, page 57, dit « mines de fer lorraines non phosphoreuses ». C'est le contraire.

2. La raison, c'est qu'elle est compensée par des importations équivalentes.

richesse, « la seule richesse nouvelle effective pour tous les Français ». Mais richesse non gratuite : « Immédiatement il va nous coûter très cher » en travaux d'installation. Quant à la Sarre, ce n'est pas un gain, puisque le produit des mines remplace une part de notre propre production ; c'est « une atténuation de perte », et pas gratuite non plus, puisque là encore il faut exploiter. Trustee ne voudrait d'alouettes que celles qui tombent toutes rôties. Et n'est-ce pas encore un travail que de les manger ?

Plein de dédain pour nos agrandissements territoriaux — pour la valeur économique de nos agrandissements territoriaux en Europe — Trustee l'est un peu moins pour nos acquisitions coloniales, parce que la différence entre le niveau de vie des peuples protégés et du peuple protecteur crée au profit de celui-ci « une véritable rente économique ». — Conséquence à noter en passant : la bonne colonie, dans cette théorie, c'est la colonie où les indigènes sont pauvres et les blancs rares ; plus l'Afrique du Nord, par exemple, s'enrichira et se rapprochera du niveau économique de la métropole, moins sa possession constituera pour nous un bénéfice... Mais, encore une fois, passons.

Après le bilan des capitaux matériels vient le bilan des capitaux humains. « La richesse première, capitale, du Français, ce sont les autres Français. » Car si Malthus a raison en théorie et dans l'absolu, la France de 1914 était bien loin de ce point de saturation démographique où la survenue d'un nouveau convive réduit la portion des autres ; au contraire, elle était encore dans cette période où l'augmentation de la densité « s'accompagne d'une augmentation non pas proportionnelle, mais progressive, du revenu individuel comme du revenu collectif ». La France n'avait pas trop, elle n'avait pas assez de bras.

Elle en a moins. 1.500.000 disparus, la capacité de travail réduite chez les mutilés et même chez les non-mutilés que « la guerre a vieillis », peu d'immigration, voilà le bilan humain de la guerre. Dira-t-on que la « femme-ouvrier » apporte au problème une solution ?

Même du point de vue économique cette solution est désavantageuse, car l'ouvrière cesse, partiellement ou totalement, d'être le chef « de cette véritable entreprise économique qu'est le ménage ». Si elle est à l'usine, d'autres feront pour elle les besognes productives dont elle se chargeait[1].

Et les perspectives sont plus sombres encore que la réalité actuelle. La disparition de 1.500.000 adultes mâles, l'affaiblissement d'une partie des restants se traduira, dans vingt ans, par une nouvelle baisse des naissances.

Mais l'homme n'est pas une machine à rendement

1. Il y aurait lieu de se demander, toujours du point de vue strictement économique, si une heure de l'ouvrière en soierie, ou en modes, ne représente pas une valeur nationale supérieure à une heure employée à faire la soupe, à ravauder les bas, à balayer l'escalier.

théoriquement constant. C'est une volonté. Si la guerre avait laissé, comme résidu moral, une plus grande « volonté de produire », le pays aurait pu « récupérer en énergie au travail ce qu'il a perdu en population active ». Or les profits anormaux, la spéculation, la tendance générale à diminuer la quantité des produits pour en élever le prix, ont démoralisé la production. Cette démoralisation a trouvé son expression dans la loi des huit heures, ce « monument d'imprévoyance et de lâcheté ». Trustee ne mâche pas les mots.

Le perfectionnement technique supplée-t-il à cette moindre productivité ? Pas encore, et il sera lent. Est-il toujours souhaitable ? Par exemple, la substitution presque brutale de l'automobile au cheval est un avantage des plus contestables, puisqu'elle nous oblige à importer du pétrole. « La guerre a brusqué les choses et nous a « infligé » ce progrès, qui nous ruine plus qu'il ne nous enrichit ». Soyons de même très modérés en matière d'outillage national, contentons-nous de réparer les destructions, de terminer les travaux en cours, d'aménager le Rhin, « d'amorcer » — pas davantage — l'aménagement du Rhône. Renonçons aux programmes trop ambitieux, à l'élargissement de nos ports. Car, écrivait il y a deux ans Trustee (p. 88), car « il nous faudra de très longues années avant que nos exportations équilibrent nos importations ». — L'encre de cette prophétie était à peine sèche que la balance nous était redevenue favorable[1]. Mais les prophètes, parfois, se trompent.

Que pense celui-ci de notre créance sur l'Allemagne? Il s'élève avec courage contre ceux qui ont répandu le mythe funeste de « l'Allemagne qui paiera ». Mais nous avons connu aussi de ces esprits forts qui, un sourire sardonique aux lèvres, ont répandu un autre mythe, celui de l'Allemagne qui ne paiera pas. Mythe encore plus funeste, puisqu'il fit croire à l'étranger, et même à l'ennemi, que nous prenions fort bien notre parti de ceci, que l'Allemagne ne payât point. Trustee se défend de faire leur jeu, mais sa position est délicate.

Il est parfaitement exact que « nous ne tirerons jamais de l'Allemagne plus qu'elle ne peut donner ». La question, qui se posait au moins à l'heure où écrivait Trustee (avant le 1er mai 1922), était de savoir si elle *voulait* ce qu'elle *pouvait*. Question qui a beaucoup perdu de son intérêt pratique aujourd'hui. Toute cette partie de la brochure de Trustee est naturellement à refondre. Retenons seulement, pour y revenir tout à l'heure, l'argumentation qui lui servait à démontrer que l'Allemagne sortait de la guerre trop appauvrie pour nous indemniser de nos pertes : « L'Allemagne est amputée d'une partie importante de son territoire... Elle

1. Depuis, les excédents d'exportation ont disparu à leur tour, mais sans que la balance nous redevînt particulièrement défavorable. Je ne parle pas de la balance des comptes.

est privée du bassin de la Sarre pour quinze ans... Le Reich a perdu toutes ses colonies... Ce pays, plus industriel qu'agricole, voit disparaître ses plus riches provinces industrielles[1], cette puissance essentiellement métallurgique n'a plus de minerai de fer (*sic !*) à sa disposition ; on doit loyalement aboutir à cette conclusion que l'Allemagne nouvelle sort de la guerre amputée d'une fraction de son patrimoine *beaucoup plus considérable que celle que représentent pour nous les destructions subies dans les départements envahis*[2] ». M. Keynes n'a pas mieux dit.

La prospérité allemande ? Pure apparence. Jeux des dividendes et des prix. D'ailleurs, c'est « à l'État allemand et non aux particuliers » que nous avons à réclamer le montant de notre créance. Qu'importe donc que l'Allemagne s'enrichisse si le Reich se ruine, va à la banqueroute, s'il menace d'entraîner avec lui dans le « gâchis républicain » une nation que disciplinait hier un pouvoir fort !

Avec quoi, d'ailleurs, le Reich nous paierait-il ? L'Allemagne « n'a plus d'avoir à l'étranger », ou plus exactement, si elle en a, c'est que ses capitalistes se sont empressés de mettre leurs fonds « à l'abri dans les banques des pays neutres ». Ne pouvant nous payer en marks-papier, elle ne peut se procurer de bonne

1. Ecrire cela d'un Etat qui garde la Westphalie, la Saxe, une partie de la Silésie !

2. C'est nous qui soulignons.

monnaie internationale qu'en exportant puissamment. Nous voilà donc dans le fameux dilemme : Ou l'Allemagne paiera, mais alors elle ruinera nos industries ; ou elle ne les ruinera point, mais alors elle n'aura pas de quoi payer.

Ajoutons que si l'Allemagne payait, c'est-à-dire si elle était « redevenue une grande puissance économique », elle serait aussi « redevenue une grande puissance militaire, puisque tout l'enseignement de la guerre crie qu'une nation courageuse et animée par la haine devient un danger dès qu'elle est économiquement forte ». Mais comment supposer qu'une Allemagne à la fois industrialisée et militariste comme celle d'avant-guerre continuerait de payer ? Donc, le dilemme de Trustee devrait s'énoncer ainsi : « Ou l'Allemagne, pauvre, ne pourra pas payer ; ou, riche, elle ne le voudra point ». Voilà qui promet de beaux jours aux amis de la paix.

Cependant, nous paierons. Car, en face d'une créance incertaine, nous avons une dette extérieure de 35 milliards. Dette en argent, en apparence. En réalité dette en nature, comme toutes les dettes, et que nous ne paierons qu'en exportant.

Exporter quoi ? Des produits de luxe ? Mais, pour le moraliste qu'est Trustee, l'essor des industries de luxe est « un scandale ». La main-d'œuvre, employée pour ces industries, manque « pour les travaux essentiels ». Nous ne liquiderons, conclut-il, qu' « en nous rationnant » et en produisant davantage de produits essentiels, blé, viande, draps, etc.

Nous aurions pu nous éviter ce cruel lendemain de la guerre, si nous avions pris deux précautions : la première, sur laquelle Trustee ne s'exprime qu'en termes sibyllins, c'est qu'il aurait fallu « prévoir et organiser la banqueroute allemande », sans doute traiter l'Allemagne comme un débiteur insolvable, qu'on aide à tenir ses engagements, ou plutôt des engagements nouveaux. La seconde (et sur ce point on contestera difficilement l'affirmation de l'auteur), c'est qu'il eût fallu, « aux heures critiques de la guerre... discuter, au sein de l'Entente, de solidarité financière, de proportionnalité des charges, de répartition des matières premières, de pacte économique. On constate que nous avons laissé passer le moment psychologique... » Et voilà pourquoi « nous payons une véritable indemnité de guerre à nos Alliés ». Cela est strictement exact.

Comme conclusion, Trustee déclare — et c'est lui qui souligne ces dures formules — que « *la France a perdu dans la guerre, au minimum, un quart, et plus probablement un tiers, de sa richesse réelle acquise* ». La fantasmagorie des milliards ne prévaut point contre ce résultat, qui ressort de la comparaison entre elles non des valeurs factices exprimées en monnaie, mais des valeurs réelles : « *La guerre, bien que close par une indiscutable victoire militaire, aura été, au point de vue économique, un désastre.* »

Voilà qui est clair, d'une lumière aveuglante et sinistre. De cette « vérité », nous devons faire notre point de départ. Rationnons-nous, vous dis-je, et d'un tiers, puisque nous sommes ruinés d'un tiers. Ne disons pas que la reconstitution des pays envahis atténuera notre passif. Outre que Trustee est prêt à parier « qu'elle ne sera pas achevée dans dix ans », — il pariait bien que notre exportation resterait durant de longues années très au-dessous des importations — c'est là un travail négatif, puisque toute la force de travail employée à reconstruire est autant d'enlevé aux créations nouvelles et à l'entretien normal. Il nous faut donc accepter un devoir nouveau, un devoir aussi impérieux que l'était, hier, le devoir militaire, à savoir « le travail supplémentaire, la journée de onze heures ». Onze heures, vous dis-je. Et encore est-ce suffisant ? « Onze ou douze... »

Là seulement est le salut. Telle est, dit clairement Trustee, « la conclusion unique de cette étude ». Disons que c'est la pensée unique d'où elle est sortie.

Pour imposer à tous cette dure discipline, il nous faut « un gouvernement impopulaire et dictatorial ». Il ne se dérobera pas au devoir « de tirer de l'Allemagne le maximum de ce qui peut en être tiré ». Mais il nous contraindra d'agir « comme si nous devions nous suffire à nous-mêmes ». Aide-toi, et peut-être bien (cela n'est pas sûr) que l'Allemagne t'aidera.

Arrivés à ce terme de la démonstration, nous pouvons

enfin répondre à cette interrogation : qu'est-ce que la victoire? La réponse est d'une amère mélancolie. Et mêlant à ces considérations économiques les mystères de la diplomatie la plus secrète, Trustee se demande « s'il ne s'est pas rencontré un moment précis au cours des événements, où la nécessité de la victoire militaire et la fatalité du désastre économique se sont mis en balance[1], et où cette balance a été rompue en faveur du désastre économique ».

Voilà qui nous rend rêveur. N'y aurait-il pas là comme la seconde des conclusions « uniques » en faveur desquelles le livre a été écrit? Contre la loi de huit heures, d'abord. Pour Sixte de Bourbon, ensuite.

II

Nous croyons avoir laissé à l'argumentation de Trustee toute sa force probante. A peine nous sommes-nous permis, par endroits, de souligner quelques exagérations trop criantes. Nous avons aussi écarté quelques digressions plus ou moins aventureuses, et qui n'auraient fait qu'affaiblir la démonstration, par exemple un chapitre sur la déchéance de l'or. Ecrire (p. 122) : « A l'heure présente, s'il n'y avait pas un seul kilogramme d'or dans les caves de la Banque, les choses se passeraient tout comme elles se passent »,

1. Je corrige un peu la forme, qui est obscure.

voilà qui n'est pas pour gagner à l'auteur la confiance des économistes.

Dans l'ensemble, l'ouvrage de Trustee a de grands mérites. Il aidera à répandre dans le public des idées saines et trop peu connues. Celle-ci, d'abord, que notre habitude de compter par millions ou milliards de francs, de livres, de dollars, n'a aucun rapport avec la réalité. Que notre revenu national, qui s'écrivait avant la guerre par 30 ou 35 milliards, s'écrive aujourd'hui par 80 ou 100, cela ne signifie positivement rien. Ce qui importe, c'est la quantité de denrées et de produits utiles — de « commodités », disent les Anglais — dont nous disposions en 1914 et dont nous disposons à cette heure. De même, le compte du capital national, ce n'est pas un compte en monnaie, fût-elle au pair de l'or : c'est le compte du capital-nature. Au reste, la distinction entre capital et revenu est bien fragile, et purement scolastique. « Quand on considère les biens en nature... tous sont capitaux et tous sont biens de consommation. » Cela dépend du moment de la durée où on les envisage : « Le volatile, dans sa volière, est pour son propriétaire un capital, tant qu'il n'a pas fait un tour au pot. » Découpez-le, et le voilà revenu.

Autre vérité. Quoique l'économie politique soit une science des choses, elle aura tort de négliger l'homme. « L'erreur des économistes... a été essentiellement une erreur de psychologie ». Ils ont cru à la guerre nécessairement courte, parce qu'ils n'ont pas prévu que l'homme, — non pas l'*homo œconomicus*, le mannequin sur lequel ils jettent les oripeaux de la théorie, — mais l'homme réel, de chair et de passion, accepterait la guerre longue, se soumettrait patriotiquement aux sacrifices nécessaires, ou s'entraînerait à la poursuite des gains ultrarapides. Ils n'ont pas cru à la puissance d'illusion qui devait faire accepter le miracle, quotidiennement renouvelé, de la multiplication des milliards. C'est être réaliste, au sens complet du mot, que de faire « intervenir, dans le calcul de la richesse d'un pays, les « idées-forces » qui y règnent ».

Troisième vérité, qui se rapproche de la seconde : l'homme est une richesse pour l'homme. La première richesse d'une nation, ce sont ses nationaux. La nation est une coopérative.

C'est sur ces bases qu'il faut s'installer pour juger les thèses de Trustee.

Est-il faux, comme il le prétend (p. 53), de dire : « La France s'est enrichie de l'Alsace et de la Lorraine reconquises » ? La coopérative France s'est augmentée de nouveaux actionnaires, — ou du moins, hélas ! ces nouveaux sont venus combler le vide laissé par les disparus. Or, une coopérative qui grossit accroît son chiffre d'affaires, abaisse ses frais généraux, élargit ses magasins de gros, acquiert de nouveaux moyens d'action ; c'est même pourquoi l'abaissement de la natalité, qui réduit le nombre des coopérateurs, est un désastre économique. Que la richesse de l'Alsace et de la Lorraine soit « la richesse des Alsaciens et des Lorrains, pour la majeure partie, de même que la richesse de l'Auvergne, c'est la richesse des Auvergnats », cette phrase me paraît complètement dépourvue de sens, car la richesse de la France n'est que la richesse des Auvergnats, des Bretons, des Poitevins, des Lyonnais, des Parisiens... Sinon, il faudrait dire qu'une paix qui nous aurait enlevé toute la Lorraine et la Champagne, et aussi le Nord, ne nous aurait pas appauvris, puisque les richesses perdues n'auraient été, après tout, que des richesses lorraines ou champenoises, ou flamandes. Mais alors, comment pourrait-on écrire, quarante pages plus loin, que l'Allemagne est appauvrie, hors d'état de payer, parce qu'elle est « amputée » de plusieurs de ses territoires et, notamment, de l'Alsace-Lorraine? Comment une même quantité, à savoir l'Alsace-Lorraine, peut-elle représenter une valeur réelle quand on la soustrait du total allemand, tandis qu'elle devient nulle si on l'ajoute à l'addition France? A-t-elle changé de valeur en changeant de signe? Je renonce à comprendre.

Le fer? Pas intéressant, parce que l'exportation, créant le besoin d'importations équivalentes, aboutit à un « simple échange », et qu'il ne faut pas « s'obstiner à assimiler échanges et bénéfices ». Là encore, je demande à réfléchir. Il ne me paraît pas indifférent, pour un pays, de voir grossir le chiffre de ses échanges. Que la petite Belgique fût l'un des États européens qui faisait le plus gros commerce extérieur par tête d'habitant, n'était-ce point là un assez bon indice de la richesse belge d'avant-guerre ? Et l'ampleur des transactions allemandes ne laissait-elle point, aux mains des Allemands, d'appréciables bénéfices ? Outre qu'un peuple, — les peuples se moquent des axiomes de l'économie politique, — vit parfois très bien avec des exportations supérieures à ses importations[1], il faut voir ce qu'on importe en échange des exportations. Si nous vendons aux Anglais ou aux Allemands du fer, dont nous regorgeons, contre des valeurs équivalentes de houille et de coke, dont nous manquons, nous aurons fait, en réannexant Thionville, une excellente affaire. Car avec ce charbon que paiera notre fer, nous créerons d'autres valeurs.

Assurément nous paierons aux cotonniers de Mulhouse celles de leurs cotonnades qu'ils enverront à l'intérieur. Mais nous les paierons en quoi ? En vins du Midi, en blés de la Brie, en confections parisiennes. Nous pourrons donc augmenter la production de ces « commodités » qui trouveront entre Vosges et Rhin un marché privilégié, un marché lié aux autres marchés français par une même union douanière, soumis aux mêmes conditions monétaires, un marché où nos produits remplaceront ceux de Berlin ou de Leipzig, de

1. Inutile d'ailleurs de rappeler que ce qui est essentiel, ce n'est pas la balance *commerciale* apparente, mais le total de la balance des comptes.

même que les cotonnades alsaciennes nous arriveront non grevées de droits de douane, soustraites aux fluctuations du change.

Assurément aussi, « le surcroît de produits agricoles qu'on attend très raisonnablement » de la potasse alsacienne ne constituera pas « un gain net ». — Il n'y a jamais « de gain net ». Il n'y a pas de richesses absolument « gratuites », sauf peut-être la pluie qui tombe sur le sol : encore faut-il aménager le sol pour la recueillir. Mais cette potasse, nos cultivateurs la recevront en quantité suffisante, et ils la paieront moins cher, au lieu d'avoir à subir, comme avant-guerre, les conditions draconiennes, le *dumping* à rebours du *Kali-Syndicat.* Il était bon de souffler sur « la légende des centaines de milliards enfouis dans les potasses d'Alsace ». Mais ces potasses ne s'en iront point en fumée.

En résumé, la récupération des provinces perdues représente — tout sentiment mis à part — un gain positif. La multiplication des échanges, la création de liens inédits entre les anciens et les nouveaux coopérateurs accroît l'activité de la coopérative, de ses chemins de fer, de ses banques. Et comme la notion de qualité est inséparable de celle de quantité dès qu'il s'agit du facteur humain, il sera légitime d'ajouter que la qualité des nouveaux adhérents relève la capacité de production de la coopérative et ses facultés d'expansion.

« Tout n'est pas bénéfice pour la métropole dans ce qui sort d'une colonie. Une part de la production prend le chemin de l'étranger ». Assurément, et la France ne va pas remplacer les marchés asiatiques comme consommateur des riz d'Indochine. Qu'importe, si les ventes des Indochinois en Chine ou au Japon accroissent leur puissance d'achat en produits métropolitains. Et n'est-il pas intéressant que nos colonies, et celles des colonies allemandes qui nous ont été attribuées, puissent nous aider à parer dès maintenant au déficit de nos forêts détruites, nous fournir des viandes frigorifiées, et demain peut-être ravitailler notre industrie cotonnière ? Faut-il rappeler cette vérité d'évidence que nous réduirons ainsi les graves inconvénients du déséquilibre des changes et que nous échapperons à la ruineuse domination des exportateurs de Buenos-Aires et des *corners* de Galveston ? Ce que fait ici Trustee, ce n'est pas seulement le procès de la guerre, c'est le procès de toute l'œuvre coloniale. On s'étonne d'avoir encore à le plaider.

On ne s'étonne pas moins d'avoir à défendre les industries de luxe. Quand les Japonais achètent le riz indochinois, dont nous parlions tout à l'heure, pour exporter leurs riz de qualité supérieure, quand les Danois consomment des beurres sibériens afin de pouvoir expédier leurs beurres fins sur le marché de Londres, font-ils une mauvaise affaire, et y a-t-il là un « scandale » ? Le soyeux qui se crée à New-York des disponibilités en dollars, que fait-il, sinon fournir des moyens de paiement avec lesquels nous nous procurerons du *corned-*

beef ou de la *frigo*, de façon à faciliter la reconstitution du cheptel national? Je croyais que c'étaient là, aussi, vérités d'évidence.

Venons aux pages les plus douloureuses du bilan, au compte du capital humain.

Il est trop vrai que la France est pauvre d'hommes, plus pauvre que jamais, et que cela est la vraie pauvreté.

Voyons cependant tous les aspects du problème.

Il est exact que « la guerre a vieilli » la France. En un sens très réaliste et, si je puis dire, biologique. Par la destruction massive des jeunes, elle a relevé l'âge moyen des Français, tout comme elle a relevé la proportion du sexe féminin. Elle a donc aggravé le mal dont souffrait déjà démographiquement la France, à savoir d'être, sans métaphore, une nation de vieillards, une *gérontocratie*. Mais, d'autre part, la guerre nous a « rajeunis »; elle a fortement abaissé l'âge moyen où les jeunes Français entrent dans les carrières actives; elle a donné aux jeunes des qualités d'initiative, de confiance en soi, dont nous pouvons déplorer quelques conséquences (par exemple l'irrespect des vieillards), mais qui, au total, poussent au rajeunissement des cadres.

Trustee ne croit pas à une immigration de main-d'œuvre venue de l'Europe centrale. L'avenir lui donnera probablement tort. « Il n'y a guère que l'Italie, dit-il, qui puisse nous envoyer des contingents intéressants de main-d'œuvre ». Ce « guère » est plein de promesses. Il est vrai que le travailleur étranger, « en emportant notre argent, emporte en réalité une quantité équivalente de biens français ». Mais, sans parler de ceux qui restent et font souche de Français, les immigrés, même temporaires, créent chez nous des valeurs nouvelles. S'ils ouvrent un canal, un tunnel, ils ajoutent à notre patrimoine plus qu'ils ne lui enlèvent en expédiant, chaque semaine, des mandats à l'étranger. Trustee se préoccupe toujours trop des valeurs actuelles, trop peu des valeurs virtuelles.

Passons enfin au bilan moral, c'est-à-dire prenons le niveau de la moralité économique d'après guerre. Il est très bas. Mais ceci est l'histoire de toutes les crises, et c'est en cet ordre surtout que l'on ne peut évaluer les résultats d'une crise avant d'en être sorti. La démoralisation de la production n'aura qu'un temps, et elle n'est pas, en France, particulièrement plus grave que dans les autres pays.

Trustee ne se fait pas d'illusion sur les responsabilités réelles de cette démoralisation. « Les profits exceptionnels de guerre chez les patrons, écrit-il, ont précédé la hausse des salaires. Les salaires sont restés inférieurs, en fin de compte, dans leur ascension, au niveau général des prix ». Enfin « les améliorations de salaires n'ont été obtenues qu'à la suite de conflits incessants ». Résistance patronale et victoires ouvrières ont entretenu chez les ouvriers le scepticisme social, le culte de la force.

Une politique patronale plus sage aurait eu sans doute d'autres résultats.

Ici se place le jugement, que nous avons cité, sur la loi de huit heures. Disons d'abord que, pour quiconque avait réfléchi aux leçons de l'histoire, la loi de huit heures apparaissait d'avance comme une conséquence inéluctable de la guerre. Depuis le temps de Solon au moins, il est sans exemple qu'une classe appelée à la défense de la cité n'ait pas recueilli ensuite, dans l'ordre politique ou social, la récompense de son dévouement. La loi de huit heures figurait, avant guerre, au premier rang des revendications ouvrières. La faute impardonnable fut alors de se raidir dans une attitude purement négative, au lieu de prévoir, d'accepter, d'organiser, de préparer et d'aménager une réforme inévitable. Comme la bourgeoisie philippiste en face de l'extension du droit de suffrage, les patrons, à l'évolution dirigée, ont préféré la catastrophe. Elle est venue comme une conséquence de l'attitude de la classe ouvrière en 1914, attitude qui, après tout, a sauvé la France.

Brutalement conçue, appliquée sans les distinctions ni les tempéraments nécessaires, la loi de huit heures est-elle vraiment le bouc qu'il faut charger des péchés d'Israël ?

Il me semble qu'à son sujet Trustee commet un perpétuel sophisme. Il est bien vrai que « dans la sous-production se trouve le nœud de toutes les difficultés », et que « réduire délibérément la force de travail du pays à l'heure où il dépérit par manque de tout, est folie pure ». Mais est-il d'une méthode scientifique de poser une identité arbitraire entre production et temps, entre force de travail et durée du travail ? Cette identité reste à démontrer.

Qu'on lise l'*Enquête sur la Production* publiée par le Bureau international du Travail[1]. Cette enquête ne permet pas de soutenir sérieusement que la réduction de la journée de travail soit la cause nécessaire et suffisante d'une réduction de la production. C'est souvent le contraire qui arrive. Trustee veut nous ramener à la journée de onze, de douze heures, dans l'espoir que nous produirons davantage. Nous ne recueillerions, comme dit un physiologiste, que « les produits illusoires des longues journées de travail »[2].

Trustee tient beaucoup, avec raison, à conserver à l'ouvrière sa vie de famille. N'est-ce pas quelque chose que de lui réserver deux heures où elle redeviendra, en son ménage, créatrice de valeurs économiques fami-

1. Bureau International de Travail. *Enquête sur la Production*. I. *Mémoire introductif*. Berger-Levrault, 1920. In-8°. Voy., p. 78 et suiv. — On accuse le Bureau de sortir de ses attributions, de mêler aux études sociales les études économiques, comme si on pouvait les isoler, comme si une organisation du travail pouvait être considérée indépendamment de ses effets sur la production ! Au vrai, ce mémoire représente l'effort le plus complet, le plus intelligent, j'ajouterai le plus impartial qui ait été tenté pour nous aider à voir clair dans les origines de la crise actuelle, et tous devraient en être reconnaissants au Bureau de Genève.

2. Certains patrons du textile ont le courage de dire (ils se font huer) que la journée de huit heurs est chez eux une journée *effective* de huit heures, tandis que celle de dix comportait une paresseuse mise en train et de lents préparatifs de départ.

liales ? Et l'homme lui-même, est-ce qu'il ne crée rien, lorsqu'il cultive ses légumes, lorsqu'il embellit son logis? Toutes les heures de loisir ne sont pas, partout et toujours, vouées au cabaret ou au cinéma. Il en est qui sont si bien consacrées à un travail productif que souvent le petit artisan patenté, le réparateur surtout, se plaint de la concurrence que lui fait, en dehors de ses heures de travail industriel, l'ouvrier d'usine. Cette concurrence peut être blâmable au point de vue juridique et social. Mais, du point de vue strict de l'économie nationale, du point de vue de la production, qu'importe que ma bicyclette soit réparée par le marchand de cycles, ou par l'ouvrier mécanicien, qui cherche dans ce travail, outre un gain supplémentaire, le stimulant d'une tâche nouvelle? Heures de loisirs et heures de paresse, ce ne sont pas nécessairement des synonymes.

Si l'on avait, à temps, prévu et organisé la journée de travail, on aurait pu renouveler l'outillage. Un outillage perfectionné, marchant avec trois équipes de huit heures, ce serait le rendement idéal, puisque la machine tournerait sans arrêt en face d'un personnel toujours en pleine possession de sa force de travail. Idéal inaccessible avec notre population réduite. Raison de plus pour demander davantage à la machine.

Mais c'est aussi une loi de l'histoire que les grandes révolutions de l'outillage ne sont jamais opérées volontairement par les détenteurs du capital industriel; ils les subissent, sous la pression de la nécessité[1]. Lorsque la loi américaine sur le travail des enfants rendit impossible l'utilisation du « gamin » dans la verrerie, cette loi fut d'abord chargée de tous les anathèmes que l'on prodigue aujourd'hui à la loi de huit heures. Puis on se décida à remplacer l'enfant par une machine, l'*iron-boy*, le « gamin en fer », point de départ de toute une transformation mécanique qui devait assurer à la verrerie yankee la domination des marchés du monde. Fit-elle pas mieux que de se plaindre ?

Je n'ignore pas l'aspect tragique de cette question de l'outillage. Le très moderne outillage que nos usines se sont procuré pendant la guerre pour les besognes de la Défense nationale a travaillé avec une telle intensité et dans de telles conditions d'entretien, qu'il est partiellement usé. Or les prix actuels, même en tenant compte de la baisse, le taux des frets, même réduit, et surtout le cours des changes en arrêtent le rajeunissement. Mais ces questions sont d'ordre général et la dernière surtout est liée à celle des crédits interalliés à long terme.

Ces difficultés ne doivent pas nous arrêter dans la voie de la mécanisation. Surtout ne nous laissons pas effrayer par de vaines terreurs, et n'allons pas remonter du camion automobile à la charrette — pourquoi pas au char à bœufs ? Si nous consommons du pétrole, nous

1. Trustee, p. 88 : « Le manque de main-d'œuvre stimule les progrès du machinisme. »

gagnons, en accélérant la vitesse de rotation des véhicules, de quoi payer ce pétrole. Et n'est-il pas d'autres carburants que l'huile monopolisée par les Anglais et les Américains? Rechercher des matières de remplacement, standardiser, éviter les gaspillages, organiser la production et même les loisirs, cela vaut mieux que de revenir à la journée de onze heures.

De même, nous ne saurions souscrire aux vues timides de Trustee en ce qui concerne les travaux publics. Si nous voulons vivre, il nous faut, en matière de ports, de voies ferrées et navigables, de force motrice, une politique hardie. Il est des dépenses qui sont des économies; il est des économies ruineuses. Il faut qu'un ministre du Commerce et de l'Industrie sache, à l'occasion, violenter le ministre des Finances. Car — c'est Trustee qui nous l'enseigne — la richesse de la nation nous importe encore plus que le budget de l'Etat. Car le budget ne peut trouver de ressources que dans la richesse nationale. Dire que « le développement de l'outillage national... ne pourra venir que lorsque la quasi-totalité des forces de travail ne sera plus accaparée par la satisfaction immédiate des besoins urgents et essentiels du pays », ce serait dire qu'il ne viendra jamais. Ce serait nous condamner à une « médiocrité économique prolongée. » De cette médiocrité, nous ne voulons pas. Et c'est seulement à condition de ne la pas vouloir que nous éviterons d'y tomber.

Il est trop tard pour discuter, dans les termes où la

posait Trustee, la question de l'indemnité allemande, trop tôt pour la discuter dans les termes où la posent des décisions dont on ne sait jamais si elles seront acceptées, et surtout exécutées par le Reich. Quant à la question des dettes interalliées, il n'est pas possible qu'elle ne se pose à nouveau. Il est trop vrai que nos gouvernants ont laissé passer l'heure : quand le sort de l'Empire britannique se jouait entre Amiens et Montdidier, quand le peuple américain, remué jusqu'en ses profondeurs par les souvenirs de l'Indépendance, voulait écarter de ses côtes la menace de la guerre sous-marine, la timidité des uns, la mesquinerie des autres, l'imprévoyance enfin ont manqué de saisir aux cheveux l'occasion fugitive. Elle ne reviendra pas. Mais les peuples à haute monnaie, les plus cruellement atteints par la crise de sous-consommation, finiront par comprendre — ils commencent à comprendre — que leur richesse les étouffe, et qu'un bon commerçant doit favoriser le relèvement de son client.

A quiconque, sans se perdre dans les détails d'une histoire très compliquée, veut comprendre comment s'est financée la guerre, quelle en fut la signification économique, quels en sont les résultats immédiats et apparents, nous conseillerons de lire le *Bilan* de Trustee. Ses cent soixante petites pages sont riches de matière. Mais il faut, en les lisant, garder un esprit critique toujours en éveil et écarter délibérément les fantômes. Seules, des visions de cauchemar peuvent nous faire croire que « la France était, toutes proportions gardées, moins anémiée après les guerres de la Révolution et de l'Empire, après la guerre de Sept Ans et probablement aussi après les guerres de la fin du règne du grand Roi. » Seul, un cerveau hanté par ces visions peut évoquer, à titre de comparaison, « les guerres de religion, ou la guerre de Trente Ans en Allemagne, ou les sombres heures de la guerre de Cent Ans, ou même les invasions germaniques... »

Un bilan qui aboutirait à cette impression serait un faux bilan. La France est meurtrie, mais vivante. Qu'on lui prêche le travail, l'ordre dans l'action. Qu'on ne lui prêche pas le renoncement, la vie étroite. Elle a droit à la vérité, mais à la vérité totale, dure ou non. Une seule chose la découragerait, ce serait de voir se dérouler devant elle de trop médiocres horizons[1].

1. Passant à des considérations morales, Trustee se demande en terminant : « La médiocrité économique de la victoire est-elle rachetée par le triomphe du droit? » Nous sortons ici du terrain économique. Trustee y revient en critiquant la création d' « une foule d'économies nationales minuscules, vagissantes, débiles, incertaines, aussi peu propices que possible, avec leurs séperations douanières, administratives, monétaires, à un essor généralisé ». Il y a là une évidente contradiction. Nous renverrons à notre article de la *Vie des Peuples* d'avril 1922 : *La Reconstruction économique de l'Europe.*

CHAPITRE II

DE LA NÉCESSITÉ D'UNE ORIENTATION INDUSTRIELLE

Durant la guerre, en une heure sombre, un ministre à qui l'histoire rendra justice prononçait, devant un auditoire d'ouvriers, ces graves paroles : « Nous nous sommes laissés surprendre par la guerre. Prenons garde de ne pas nous laisser surprendre par la paix. » On applaudit à ces paroles. On n'en mesura pas la portée.

Vint l'armistice, et avec lui la joie, les chants, les cortèges et les drapeaux. Puis, les mois passèrent, déteignant, fripant les glorieuses couleurs. Dès le printemps de 1919, dès ce mois de mai où s'ouvrait le second semestre des temps sans batailles, qui donc, à cette question : « Sommes-nous prêts pour la paix ? », qui aurait osé répondre : « Oui » ?

Essayons, par la pensée, de nous reporter à cette date — si récente et qui semble déjà si reculée — de mai 1919. Il semble que l'on eût pu, alors, décrire en ces termes l'état d'âme de notre nation :

Français, alliés, amis, ennemis ou neutres, les observateurs de tout genre ne sauraient s'y méprendre ; la

France — j'entends celle de mai 1919 — la France n'est pas contente. Elle ne sent pas souffler sur son vieux sol l'air vivifiant de la victoire. Il serait exagéré de dire qu'elle souffre; il est exact de dire qu'elle cherche. Elle se cherche, et elle cherche son orientation.

Personne ne lui a dit : « Voilà ce qu'il faut faire, où il faut aller. » Personne ne lui a donné un programme d'action, une de ces formules claires qui aimantent les énergies. C'est à se demander, par moments, si nos gouvernants, dans les mois qui ont précédé la victoire, croyaient à la victoire, ou si, l'entrevoyant très lointaine, ils ne se sont pas dit : « Nous avons le temps. A chaque jour suffit sa peine. Faisons la guerre. Quand elle sera finie, nous aurons le temps d'organiser la paix. »

Non, nous ne devions pas avoir le temps. On n'a jamais le temps. L'histoire n'est pas une pièce en plusieurs actes, et avec des entr'actes. C'est un drame continu. Non seulement, comme en toute pièce bien faite, le dénouement est déjà enclos dans l'exposition et se prépare dans les péripéties, mais les scènes s'y succèdent sans arrêt. Et, en réalité, il n'y a point de dénouement; il y a une pièce nouvelle par où se prolonge, immédiatement, la pièce finissante. On ne peut pas dire à l'histoire : « Attendez. Nous allons d'abord faire telle besogne. Demain nous songerons à tel autre. » Demain est déjà dans aujourd'hui. Déjà hier était gros de demain.

Organiser la paix dès le temps de guerre, cela aurait

été aussi faire la guerre, la guerre totale. Que serait en effet la victoire, sans l'exploitation de la victoire? Rien de plus que ce que nous avons vu : des chants, des cortèges, des fleurs, des harangues, et le frémissement du vent sur la soie des drapeaux... Faut-il que notre victoire ne soit que cela, et qu'elle nous laisse appauvris en face d'un ennemi affaibli mais puissant encore, de neutres enrichis et bien outillés, d'alliés qui ont su, eux, se préparer pour la paix? Le malaise de la France de 1919, tient à ce qu'elle se pose, plus ou moins clairement, cette angoissante question.

Il est indéniable que nous nous sommes laissés surprendre par la paix plus complètement encore que nous ne nous étions laissés surprendre par la guerre. Nous avions du moins, en 1914, un plan de mobilisation fortement conçu. L'outil était prêt, et il a fonctionné. Nous avons laissé couler presque cinq années de guerre sans préparer un plan de mobilisation pour la paix, de démobilisation guerrière et de remobilisation économique. Voilà pourquoi nous n'avons pas, à l'heure actuelle, d' « orientation industrielle ».

Pour trouver cette orientation, il faut faire comme le clinicien au lit du malade. Il faut avoir le courage (cruel) de voir le mal, de sonder les plaies. Il ne faut cacher ni les tares ni les faiblesses. Seul un diagnostic impitoyable permettra d'instituer un traitement rationnel.

I

Pourquoi nous avons été surpris par la paix ?

La faute, disons-le bien haut, n'est pas à nous tout entière.

Aux heures où ils escomptaient la victoire, les Allemands disaient : « Nous garderons la Belgique, sujette ou vassale. Nous enlèverons à l'Angleterre la royauté des vagues. D'Anvers, de Calais, de Dunkerque, nous braquerons des canons lourds au cœur de l'orgueilleuse Albion. Quant à la France, *nous la saignerons à blanc.* »

La dernière partie de la monstrueuse prophétie a failli se réaliser. Nation pauvre d'hommes — hélas ! plus pauvre d'enfants — la France a donné son sang, pour les libertés du monde, sans compter. Entre Paris et les frontières reconquises s'entassent quatorze cent mille cadavres ; effrayant holocauste, nouveaux étages à cette pyramide de sacrifices que Michelet montrait déjà se haussant jusqu'au ciel.

Ce sont quatorze cent mille paires de bras qui manquent à nos champs, à nos usines. Ajoutez-y les milliers et milliers d'invalides, d'aveugles, de mutilés, les organismes ruinés par les gaz. Tous ne sont pas devenus des non-valeurs au sens absolu du terme ; mais leur capacité de travail a été réduite dans de plus ou moins larges proportions. Et même chez ceux qui sont rentrés indemnes en apparence, même chez les civils, comptet-on pour rien l'ébranlement nerveux et, après l'exceptionnelle tension du temps de guerre, l'impérieux besoin de repos ?

A tout cela nous ne pouvons pas grand chose, sinon dire à nos alliés : « Voilà ce que nous avons fait pour vous, pour tous. Voilà votre dette à notre égard. » J'ai peur que nous ne leur ayons dit, ni assez souvent, ni assez nettement, ni assez tôt.

Autre mal dont nous ne sommes pas responsables :

Avant la guerre, les pays situés au nord-est d'une ligne tirée de l'embouchure de la Somme à Belfort représentaient beaucoup plus que leur part dans l'activité nationale. C'était notre principale mine de houille, presque notre seule mine de fer, notre plus grosse forge, notre plus gros atelier de constructions mécaniques, notre premier tissage et filature de laine, un de nos premiers tissages et filatures de coton, notre première fabrique de sucre, une de nos grandes usines de produits chimiques. Rien que le pays situé au nord-est de la ligne Calais-Longwy comptait pour plus d'un cinquième dans notre production industrielle totale.

On sait que cette région est précisément celle qui a été dévastée par l'ennemi. Dévastée, c'est un mot. Anglais, Américains, et aussi beaucoup de Français *savent* que notre Flandre, notre Hainaut, et le Cambrésis et la Picardie ont été « dévastés ». Ils le savent, comme ils *savent* que la Provence a été dévastée en 1536, ou l'Allemagne pendant la guerre de Trente ans...

Cela est pour eux un objet de science : un article dans un journal, une photographie ou une illustration, un film. Cela n'est pas une notion vivante, sauf pour ceux qui ont *vu*.

Avez-vous pris, mais au lendemain de l'armistice, le train jusqu'à Lille? Avez-vous vu alors ces murs éventrés, ces toitures défoncées, ces cheminées dont les tronçons gisaient à terre; avez-vous vu, sur ces tas de briques en miettes, s'étendre comme un suaire la poussière jaune du limon picard? Là étaient des sucreries, des distilleries. Les betteraves venaient de cette bande aujourd'hui toute blanche sur des kilomètres et des kilomètres, parce que les tirs de barrage en ont enlevé toute la terre végétale, ont mis la craie à nu. Il faudra vingt-cinq ans, le retour à la forêt primitive, puis, comme au moyen âge, de nouveaux défrichements pour que la terre puisse de nouveau nourrir l'usine. Il ne faudra guère moins dans ces plaines criblées de cratères, où le laboureur ne rencontre pas seulement, comme au temps de Virgile, les ossements et l'armure des aïeux, mais l'obus non éclaté...

Ailleurs, c'est une raffinerie de pétrole dont les réservoirs ont sauté; les coupoles projetées au loin, les tôles froissées, tordues comme des feuilles de papier, un vrai paysage d'éruption volcanique. Partout ce sont les ponts d'acier sortis de leurs voies et jetés en travers des canaux. De cette façon, en ce pays qui était le plus riche de France en voies de communication de toute sorte, une main savante a réussi cette gageure d'immobiliser à la fois la voie de fer, la voie d'eau et la route.

Il faut avoir vu cela. Il faut savoir — je me reporte à 1919 — que telle aciérie ne pourra rien produire avant deux ans, ni reprendre son activité d'avant-guerre avant cinq ans. Il faut savoir qu'il faudra près de deux ans pour évacuer l'eau des mines de Lens, et qu'elles ne retrouveront peut-être pas leur chiffre de 1913 dans dix ans. Dites-le aux Français, mais surtout aux Anglais, aux Américains.

Nos amis les plus sincères s'étonnent parfois de la longue durée que nous prétendons assigner à la période de reconstitution. Ils nous soupçonnent, je le crains, de vouloir « profiter de la guerre » et transformer notre misère même en une source de privilèges... C'est qu'ils n'ont pas *vu*.

Pendant que nos régions les plus productrices étaient occupées par l'ennemi ou comprises dans la zone des armées, le reste du pays était le théâtre d'un essor industriel sans précédent. De vieilles cités dormantes sont devenues, tout d'un coup, de grandes fourmilières. Les centres déjà développés ont vu leur activité se décupler. Les industriels des pays envahis ont souvent porté leur industrie sous des cieux nouveaux. Des industries inconnues sont nées et les anciennes industries se sont donné un outillage tout moderne, si bien que l'on s'est dit : « La France, appauvrie d'un côté, s'est enrichie par ailleurs. Elle a augmenté son capital industriel ».

Mais tout cela — ou presque — a travaillé pour la guerre. Il est facile de dire aujourd'hui à la France : « Pourquoi n'avez-vous pas, pour réparer les pertes de la guerre sous-marine, fabriqué des bateaux ? » Parce que, dans l'intérêt commun des alliés, nos chantiers de Saint-Nazaire, du Havre, de la Seyne, de la Gironde se sont donnés exclusivement à la fabrication des tanks, instruments nécessaires de la victoire.

L'Angleterre, en cette guerre, a maintenu la situation de sa marine marchande. L'Amérique s'est fabriqué, de toutes pièces et avec une remarquable rapidité, une flotte de commerce toute neuve. Le Japon est devenu grande puissance maritime, non seulement dans le Pacifique, mais dans la Méditerranée. La Hollande sortira de la dure épreuve avec un lot de navires qui lui rendront un des premiers rangs parmi les rouliers des mers. Il n'est pas jusqu'à l'Italie qui n'ait réussi à imprimer à ses chantiers de constructions navales une profitable activité. En France, rien. Parce que pas une tôle, pas un boulon ne devaient être détournés de l'œuvre essentielle : fabriquer les croiseurs de terre, les petits monstres rampants qui ont brisé les lignes de Hindenburg. Il serait d'une ironie un peu lourde de venir nous dire aujourd'hui : « France, où sont tes nouveaux paquebots ? Montre les cargos que tu as mis à flot durant la guerre ! »

Pourquoi n'avons-nous pu, comme l'Angleterre, comme l'Amérique, nous donner avant la paix une industrie indigène des colorants ? Parce que nos usines chimiques ne faisaient que des explosifs et des gaz asphyxiants pour en charger les obus des alliés. Nous n'avons pas fait d'automobiles de tourisme, parce qu'il fallait des camions et, pour la flotte aérienne de nos alliés, des moteurs. La France n'a pas été seulement le grand soldat, elle a été le grand arsenal de la coalition.

Au point de vue de nos intérêts industriels et commerciaux, le rendement de cet immense travail se chiffre par zéro. Ou l'équité inscrite dans les proclamations des alliés est un vain mot, ou la France est en droit d'attendre, sur ce terrain aussi, que ses alliés lui tiennent compte de ses sacrifices.

Venir nous dire : « La guerre est finie maintenant. Les affaires vont reprendre. Établissons entre les nations le règne de l'égalité économique, la règle du franc jeu », c'est, avec des paroles de justice, aller droit contre l'équité. Le *fair play* exige que les joueurs soient placés, au début de la partie, dans des conditions identiques. De deux coureurs, si l'un ne porte que son corps, tandis que l'autre est au départ écrasé par un fardeau, c'est une amère injustice que de leur dire à tous deux : « Courez ! » Il faut que l'un des coureurs « rende du poids » à l'autre.

Parce que la France, elle première et longtemps elle presque seule, a lutté pour la cause de tous, la France est alourdie, et elle restera pendant de longues années encore gênée dans ses mouvements. Il faut qu'on l'aide, et de deux façons : en lui assurant un droit de revendication sur l'ennemi, en lui garantissant le secours de ses alliés.

Si ces deux conditions n'étaient pas remplies, la France victorieuse serait la victime de la guerre.

II

Nous avons fait la part, dans notre faiblesse actuelle, des faiblesses dont nous ne sommes pas responsables et que nous ne pouvons pas, tout seuls, faire disparaître. Il nous reste à rechercher les faiblesses qui viennent de nous-mêmes, et que nous-mêmes pouvons guérir — si nous voulons les guérir.

Ces faiblesses, nous les résumerons d'un mot en disant : Nous n'avons pas su faire, après l'armistice, notre mobilisation industrielle. Ce qui revient à dire que nous n'avons pas su faire notre démobilisation.

Démobiliser les usines, démobiliser la main-d'œuvre, démobiliser les transports, c'était la première partie de la tâche, la tâche matérielle. Mais il fallait aussi assurer, dans des conditions normales et progressives, la démobilisation des administrations publiques, démobiliser l'État. Il fallait enfin, en utilisant les leçons de la guerre, préparer, chez les industriels et les commerçants, la démobilisation des esprits, c'est-à-dire la formation d'une mentalité nouvelle.

Voilà en quoi aurait consisté une « orientation industrielle ». Et nous verrons, dans les pages qui suivent, en quoi cette orientation nous a manqué. Or il faut une orientation. Pour remarquable que soit notre don (si dangereux) d'improvisation, pour fécond en ressources que se soit montré l'art national du « débrouillage », il ne saurait suffire. Il nous faut, pour entrer dans ce monde nouveau, une méthode et un plan.

Quelle pouvait être cette méthode, et quel ce plan, au milieu de 1919?

CHAPITRE III

DES CONDITIONS D'UNE ORIENTATION INDUSTRIELLE

Quand la guerre commença, tous croyaient qu'elle serait brève.

Les plus sages hochaient la tête et disaient : « Cette guerre sera plus longue que vous ne pensez. Elle pourra bien durer six mois, un an peut-être. » Les plus sages eux-mêmes avaient donc l'idée d'un drame simple, violent et rapide. Une ou deux grandes batailles, et la partie serait jouée.

Tant qu'on put imaginer qu'il en serait ainsi, il était presque raisonnable de ne pas songer au lendemain. Après tout, l'existence future de la nation tenait tout entière en ce dilemme tragique : Vaincre ou mourir. Tous les efforts devaient être tendus vers le but suprême, immédiat, que l'on croyait devoir atteindre (ou bien irrémédiablement manquer) en quelques semaines : Vaincre. Peu importait que, pendant une période aussi courte, la vie normale fût arrêtée. Elle reprendrait au lendemain de la paix. La guerre était une crise, un accès de fièvre. On guérit un accès de fièvre, on ne le soigne pas comme une maladie. La fièvre tombée, la santé revient.

Lorsqu'il fut évident que la guerre durerait, un progrès se fit dans les esprits, — un progrès auquel nous avons, pour une bonne part, dû la victoire. On comprit qu'au lieu de jouer la guerre comme on joue une partie de cartes ou de paume, il fallait organiser la guerre, l'administrer comme une industrie. Cela fut fait et, tout balancé, bien fait. Cela aurait peut-être été suffisant si la guerre, longue, n'eût dépassé que du double ou du triple les prévisions primitives.

Elle dura encore. Il apparut alors que la crise devenait une maladie. Non pas un mal chronique, mais déjà une de ces longues maladies qui atteignent profondément l'organisme et risquent de le détraquer si une thérapeutique prévoyante, tout en luttant contre les symptômes, ne prépare d'avance la restauration du malade, son retour au fonctionnement normal.

Il aurait donc fallu réaliser un second progrès : à savoir, préparer la paix dans la guerre même. On en a parlé, et beaucoup, dans les harangues officielles ou inofficielles. Mais la paix, pas plus que la guerre, ne se prépare avec des discours. A côté des bureaux qui poursuivaient, sans se lasser, l'œuvre d'organisation guerrière, il aurait fallu constituer d'autres bureaux dont l'unique fonction aurait été de préparer le passage de l'état de guerre à l'état de paix.

I

Assurément il ne pouvait être question de retarder d'une minute la livraison d'un seul avion de bombardement pour fabriquer un avion postal. Mais on pouvait et l'on devait, d'avance, statuer sur le sort des avions de bombardement qui subsisteraient au lendemain de la paix, établir dans quelle proportion, dans quels délais, par quelle procédure l'administration de la guerre devrait livrer ces avions à telles autres administrations publiques ou à l'industrie privée. Ce que nous disons des avions, nous le pensons des camions automobiles, des chenilles d'acier qui portent les tanks, des réseaux télégraphiques ou téléphoniques posés par les armées françaises ou alliées, des voies ferrées et du matériel roulant, des installations hygiéniques, etc. C'est seulement plusieurs mois après l'armistice qu'on s'est décidé à créer un office de la liquidation des stocks de guerre, quand déjà des stocks importants avaient disparu ou étaient devenus inutilisables. Pendant des mois encore, l'office français des stocks de guerre a, légalement et administrativement, ignoré la présence sur notre territoire des stocks américains, représentant une valeur supérieure à *un milliard de dollars*. Il a fallu le scandale, peut-être voulu, de quelques destructions pour secouer notre apathie.

Mais c'est en pleine guerre, c'est dès le début de

1918 qu'il aurait fallu créer l'office de la liquidation des stocks et aussi l'office de la liquidation des usines de guerre.

Nous étions avertis par l'exemple de nos ennemis. Des humoristes ont conté que l'Office impérial de l'Economie de transition tenait préparés dans cinq tiroirs divers, cinq plans différents de remobilisation économique : plan n° 1, mobilisation économique à la suite d'une victoire foudroyante qui aurait donné à l'Empire : Calais, Dunkerque, les bassins houillers du Nord, Briey, le Maroc, l'Afrique centrale. Le plan n° 2 faisait état de la victoire simple. Venaient ensuite le plan de la paix blanche, celui de la simple défaite, puis celui de la grande défaite.

Je ne sais si ces plans interchangeables ont jamais existé. Je sais qu'on a beaucoup travaillé au Commissariat de l'Économie de transition et ensuite à l'Office impérial économique. Ces bureaux préparaient la démobilisation, à la fois celle des hommes et celle des choses, en s'inspirant non pas de considérations politiques ou morales, mais uniquement de considérations utilitaires. Devait être démobilisé d'abord celui dont l'activité déclanche et dirige le travail du plus grand nombre des travailleurs, le métier dont les produits servent de matières premières au plus grand nombre d'autres métiers, l'atelier qui fournit des machines avant celui qui les emploie.

Tout ce beau plan a été quelque peu bousculé par la

révolution de novembre 1918. Bien des éléments de l'armée allemande se sont démobilisés avant leur tour. Il est arrivé au programme allemand de démobilisation ce qui arrive aux plans trop bien conçus, trop minutieusement établis dans le détail, ce qui était arrivé déjà au plan allemand de guerre et de conquête. Ces programmes trop parfaits n'ont qu'un défaut : ils prévoient tout, sauf l'imprévu. Et l'imprévu se venge.

Mais, du plan, il resta quelque chose. Lorsque nous eûmes à subir le choc de la concurrence allemande il fallut bien nous apercevoir, à notre dam, que l'industrie allemande avait été bien moins désorganisée par la tourmente que nous n'étions disposés à le croire, et que les Allemands ne le disaient. La République de l'Empire allemand a hérité des dossiers de l'ancien Office impérial économique. Et aussi de ses méthodes.

En dehors des services d'État, de nombreuses institutions semi-privées, et soutenues par l'État, étudiaient les problèmes d'après-guerre. La plus connue est l'Institut pour le commerce maritime et l'économie mondiale de Kiel (*Institut für Seeverkehr und Weltwirschaft*), dont les publications étaient dirigées par le professeur Bernhard Harms. Des équipes de jeunes docteurs y étaient employées à lire, dépouiller, collectionner tous les documents utiles. Et ce qui se faisait à Kiel se faisait ailleurs, à Leipzig, à Hambourg, à Stuttgart, à Darmstadt... Pas une publication sur les questions d'après guerre ne paraissait à l'étranger et spécialement dans les pays de l'Entente, sans qu'elle fût immédiatement saisie au passage, analysée, souvent traduite[1]. Tandis qu'une administration tatillonne et soupçonneuse nous interdisait de nous ravitailler, autrement que par les voies d'une contrebande facilement tolérée, en publications allemandes sur le marché suisse, les institutions allemandes, officielles ou non, étaient ouvertement les abonnées des agences suisses dont on ne nous permettait point d'accueillir les offres. Au nom de la « Défense nationale », on nous empêchait de préparer l'organisation nationale future. Défense nationale, que de sottises l'on a faites en ton nom !

II

Les Allemands n'étaient pas les seuls à songer à l'avenir. L'Angleterre aussi avait son plan de mobilisation, rationnel et réaliste. L'Anglais, dont l'intelligence est peu accessible aux idées générales, mais qui saisit fortement quelques faits simples, avait fait ces deux ou trois découvertes : à savoir qu'il faut transporter des produits pour les vendre, qu'il faut des locomotives et des wagons pour organiser des convois, de l'acier pour faire des wagons et du charbon pour faire de l'acier... Il en avait conclu qu'il fallait démobiliser le mineur avant le

1. C'est ainsi que l'Institut de Kiel, dans son seizième cahier, a donné la traduction de mon rapport général sur l'enquête de l'Association nationale d'expansion économique.

métallurgiste, celui-ci avant le constructeur, et le cheminot avant le commissionnaire en marchandises.

Ces quelques vérités, admises comme des données expérimentales par l'Anglais moyen, par l'homme de la rue, n'étaient pas du goût de tout le monde. Elles agréaient à Tommy Atkins, mineur ou métallurgiste; beaucoup moins à Tommy, employé de magasin ou *clerk* dans la Cité. Il y eut, même sur notre sol, de l'agitation parmi les tommies, voire des mutineries. La censure française interdit la connaissance de ces mutineries à tout citoyen qui ne savait pas l'anglais et qui ne payait pas trois sous pour un journal[1]. La censure britannique laissa dire, et le gouvernement britannique continua la démobilisation comme il l'avait commencée, catégorie par catégorie. Un gouvernement britannique est un être d'espèce têtue qui n'abandonne pas facilement la voie où il s'est engagé, bonne ou mauvaise, sous prétexte qu'il y a des pierres sur cette route, et qu'il a buté sur ces pierres.

Le but du gouvernement n'était pas de contenter tous les tommies, mais de reconstruire l'industrie anglaise, la marine marchande anglaise, le commerce anglais. Un Ministère de la « Reconstruction » industrielle fut chargé de préparer la réadaptation des usines de guerre aux travaux de la paix. Telle usine d'explosifs, pourvue de tel outillage, servie par tel nombre

1. En ce temps lointain, le *Daily Mail* se vendait 15 centimes. Et cela paraissait une somme!

d'ouvriers, doit fabriquer telle quantité de matières colorantes, etc. Celle-ci faisait tant de tonnes de glycérine pour le service des poudres, elle fera tant de tonnes pour la fabrication des savons, etc.

Ce n'est pas tout. Des commissions spéciales furent convoquées, composées de techniciens, de fonctionnaires, d'industriels, pour étudier les modifications que la guerre avait enseigné à apporter aux méthodes industrielles ou commerciales du temps de paix.

Une de ces commissions dit : l'Angleterre brûle mal son charbon ; elle le gaspille, elle en laisse la moitié se perdre en fumée dans le ciel brumeux de ses villes. Une meilleure utilisation de la houille, une récupération rationnelle des gaz et des sous-produits, l'installation sur le carreau de la mine de grandes centrales d'électricité — seize ou dix-sept pour toute la Grande-Bretagne — et l'on économiserait, affirment les optimistes, 70 p. 100 de la consommation anglaise en charbon. Ceci dit, on ne se demanda pas si cette transformation plairait ou déplairait aux marchands de charbon ou bien à ceux qui auraient préféré avoir, à eux tout seuls, une station électrique moyenne ou de petite puissance. L'Angleterre est un pays de liberté, mais un pays d'efficacité, d'*efficiency*.

L'Angleterre a compris, depuis la guerre, que le cartel allemand et la banque allemande avaient puissamment aidé à l'expansion économique de l'Allemagne. Aussi, malgré le traditionnel attachement des Anglais à l'initiative individuelle, malgré leur répugnance à recourir aux groupements syndicaux très étendus et leur méfiance à l'égard de l'État, les Anglais n'ont pas hésité à réformer leurs méthodes. La grande commission de reconstruction, présidée par lord Balfour de Burleigh, a conclu en faveur des *combinations* industrielles. En fait certains syndicats énormes se sont créés, ou sont devenus plus énormes en fusionnant avec d'autres. Déjà la transformation des usines d'explosifs en usines de colorants était préparée par un vaste syndicat : *British Dyes Limited*. Ce syndicat absorba la principale entreprise concurrente, et voilà l'industrie britannique des couleurs d'aniline équipée pour engager la lutte contre le formidable cartel allemand.

De gigantesques opérations de fusion réduisirent le nombre et augmentèrent la puissance des banques anglaises dont les succursales vinrent prendre sur le continent, et notamment en France, une place au moins égale à celle qu'avaient occupée, avant la guerre, les banques allemandes. Le meilleur, pour un citoyen français qui voulait faire des affaires en Russie, en Scandinavie, en Amérique du Sud, même en Espagne, ce fut — bien souvent — de passer par l'intermédiaire de la filiale parisienne d'une banque de Londres.

Ces organismes bancaires agrandis ne parurent pas encore capables de faire face à toutes les tâches qui attendaient le commerce anglais d'exportation. Aussi une commission spéciale se mit-elle à élaborer, d'accord avec le gouvernement, les statuts d'une banque du commerce extérieur, au capital de 10 millions de livres sterling — plus de 250 millions de francs. Dès la fin d'avril 1917, une charte royale fut accordée à l'*Empire trade Bank*. Crédit, renseignements, opérations commerciales, les services de cette banque ne tardèrent pas à fonctionner.

Je passe sur ce qu'ont fait, dans le même ordre d'idées, les Américains, les Italiens, même les neutres. Tous ont cherché à s'adapter de leur mieux aux conditions nouvelles.

III

Et nous ?

Il ne faut pas croire — ni laisser dire — que nous n'avons pas travaillé. Nous avons beaucoup travaillé. Nous avons trop travaillé. Et en trop d'endroits.

On avait créé, au début de la guerre, un ministère technique, le ministère de l'Armement et des Fabrications de guerre. Mais chaque ministère eut, en outre, ses services techniques. Il y avait en France, avant la guerre, deux ministères économiques : celui des Finances et celui du Commerce et de l'Industrie. Mais chaque ministère eut aussi, pendant la guerre, son service économique[1].

1. Et parfois plusieurs. Il y eut ainsi, au ministère du Commerce, un sous-secrétariat d'Etat qui faisait des enquêtes à côté de celles que menait le ministre lui-même.

C'est ainsi que chaque question fut étudiée, à la fois, dans cinq ou six bureaux, par d'éminents spécialistes qui s'ignoraient les uns les autres, qui ne se communiquaient les uns aux autres que d'une main jalouse les résultats de leurs travaux respectifs. Ajoutez que les institutions privées, de leur côté, faisaient la même besogne que les administrations publiques, et en s'entourant du même mystère. Ce qui s'est dépensé d'activité, de zèle, de talent dans ces multiples officines est incalculable. Mais que de forces perdues !...

A diverses reprises, on essaya de coordonnner ces efforts dispersés. Sous le ministère Ribot on décida de centraliser, à la Présidence du Conseil, les renseignements économiques. Une belle circulaire invita les divers services à envoyer un double de leurs fiches au quai d'Orsay. Ce fut une circulaire de plus. Le bureau d'études économiques de la Présidence du Conseil fit d'excellente besogne. Mais, malgré la présence dans ce bureau de délégués de plusieurs départements ministériels, il ne joua pas le rôle centralisateur et coordinateur qui aurait dû lui revenir.

Le cabinet suivant créa de toutes pièces un Comité économique où devaient siéger les délégués des divers ministères pourvus de services économiques. On crut enfin tenir l'organe rêvé, analogue au Commissariat allemand de l'économie de transition. Hélas ! je crains que le comité économique, comme tous les services français, n'ait trop travaillé.

Les Anglais n'ont pas absolument tort de fermer leurs bureaux de bonne heure et d'aller jouer au tennis. Ils ne sont pas tentés d'entrer dans les détails, et de s'y perdre. La fonction du Comité économique était de voir de haut, de dominer et de diriger le travail des divers ministères. Il voulut travailler lui-même, savoir si l'on pouvait autoriser l'exportation de telle quantité de quinine à Cuba, ou tirer du sucre de telle racine. Le résultat, c'est que les services ministériels, instinctivement, boycottèrent l'intrus, lui opposèrent la plus redoutable des forces bureaucratiques, la force d'inertie. Et le Comité économique mourut d'anémie.

On essaya d'autre chose. Le ministère de l'Armement avait déjà dressé le plan de transformation de certaines usines de guerre en usines de paix : telle usine du service des poudres passerait aux produits chimiques, tel arsenal ferait des machines agricoles. Ce travail fut poussé assez loin, et non sans méthode. Si bien que le ministère de l'Armement, à la tête duquel on avait mis un industriel, devint le ministère de la Reconstitution industrielle.

Le ministère nouveau reprit la tâche de l'ancien. Un questionnaire fut adressé d'abord à la centaine de grosses maisons, puis à la dizaine et demie de milliers d'autres qui dépendaient du ministère, qui vivaient de ses commandes. Les réponses à ce questionnaire devaient renseigner sur la capacité de ces usines, leurs possibilités et leurs projets de transformation. Très beau plan, sur le papier.

Parallèlement à cette enquête, des enquêtes analogues étaient menées, au ministère du Commerce et de l'Industrie, par les services techniques et par le Comité consultatif des arts et manufactures, où les savants les plus éminents se rencontraient avec des industriels hautement qualifiés. Les travaux issus de cette collaboration sont de premier ordre. Parallèlement aussi un autre ministère, celui des Régions libérées, dressait le programme des besoins les plus urgents auxquels l'industrie reconstituée aurait à faire face.

Il semblait donc que tout fût prêt pour que la transition se fît, aisée et rapide, sans heurts, de l'état de guerre à l'état de paix, pour que chacun, du jour au lendemain, quittât le régiment et retrouvât sa place à l'atelier, pour que l'usine qui faisait des tanks se mît à faire des tracteurs... ou même des machines à coudre et à écrire.

Et cependant, cela ne s'est pas fait...

CHAPITRE IV

A LA RECHERCHE D'UNE ORGANISATION INDUSTRIELLE

Dussé-je passer pour pessimiste, j'essaierai de dénoncer nos fautes, et de dire pourquoi nous avons abordé sans préparation suffisante les problèmes industriels de la paix. Car, encore une fois, nous ne pourrons guérir nos plaies si nous n'avons, d'abord, le courage de les sonder.

I

Quand je parle de « nos fautes », je veux dire les fautes de chacun. Celles de l'Etat et celles des citoyens.

Les fautes de l'Etat, d'abord :

Nous en avons déjà signalé une, le défaut de coordination entre les divers services — défaut de coordination tel qu'au début de 1920, on manquait de camions, dans le service des charbons, pour transporter le combustible et dégorger les voies ferrées, tandis que des milliers et des milliers d'autos militaires gisaient et se rouillaient dans les parcs.

Mais il n'y a pas seulement incoordination dans l'espace entre bureaux qui s'ignorent. Il y a même — et ceci est encore plus grave — *incoordination dans le temps*, en un même service, entre les travailleurs d'hier et ceux d'aujourd'hui.

Supposez que vous soyez entré, durant la guerre, dans un de ces services économiques où l'on tentait de préparer la paix. Qu'y auriez-vous aperçu ? A la tête du service, soit un mobilisé d'âge mûr, soit un *civil* qui s'était, pour ainsi parler, mobilisé lui-même pour obéir à la dictée impérative de sa conscience, qui s'était mis bénévolement au service de tel ou tel ministère. Autour de lui de jeunes mobilisés, qu'une blessure ou une maladie avait rendus inaptes au service armé et qui étaient, eux aussi, joyeux de mettre leurs naissantes aptitudes au service de la nation. Dans ces petites ruches, pauvrement outillées, misérables si on les comparaît aux puissantes organisations de nos ennemis ou de nos alliés, mais d'autant plus laborieuses, on accumulait les matériaux en songeant non seulement aux besoins du jour, mais à ceux de l'avenir. Dossiers bien classés, cartons rangés en un ordre logique, fichiers constitués de façon à rendre, demain, toute consultation facile aux successeurs éventuels de la temporaire équipe, aux services permanents du ministère, voilà ce que l'on avait l'ambition de laisser après soi.

Entrez, maintenant, — je veux dire dès la fin de 1919 — dans un de ces services. L'équipe a peu à peu disparu, les secrétaires sont partis les uns après les autres, au hasard de la démobilisation. Le chef lui-même a été repris par ses besognes du temps de paix. Et les dossiers, et les cartons, et les fichiers ? Ils sont là, entassés de façon à tenir le moins de place possible — car on a eu besoin du local pour y installer une dactylographe, ou pour y abriter une collection de l'*Officiel*. Les travaux qui ont coûté tant de peines, travaux auxquels on s'était donné avec amour dans l'espoir qu'ils seraient utiles au pays, les voilà dormant sous la poussière. « Sacrés ils sont », pour parler comme une épigramme voltairienne, « car personne n'y touche ».

Il y a, par exemple, dans ces cartons, une étude sur le caoutchouc, ou sur les graines oléagineuses, ou sur la concurrence allemande aux Pays-Bas... Que demain, *dans le même ministère*, bien plus, *dans la même direction*, on ait à étudier nos besoins et nos disponibilités en arachides ou en caoutchouc, à organiser une agence commerciale à Rotterdam, je gage que personne ne pénétrera dans le bureau encombré de poussière, que personne n'ira voir si le fichier du service défunt ne contient pas les mots *caoutchouc, oléagineux, Pays-Bas*. On refera, purement et simplement, le travail déjà fait...

Au début de l'hiver 1919-1920 s'est posée une question du *mazout*. Là-dessus, journalistes d'entrer en branle et de nous promettre que nos usines, le Métropolitain, les locomotives vont se chauffer au mazout. Puis il fallut déchanter et nous révéler qu'il faudrait six mois pour transformer les foyers à charbon et à coke en foyers à mazout !

Croyez-vous qu'il n'y avait pas, à la Reconstitution industrielle, au Commissariat général des essences, peut-être à l'Office des produits chimiques et encore aux services techniques du Commerce, d'excellents travaux prévoyant la substitution du mazout aux combustibles solides ? N'en doutez point, ces travaux existent ; ils sont classés dans des cartons honnêtement étiquetés. Mais, encore une fois, « sacrés ils sont, car personne n'y touche ». Et voilà pourquoi les sceptiques eurent raison de se dire : « Nous serons chauffés au mazout... quand la bise sera partie, après neiges fondues ».

Et si maintenant vous me demandez pourquoi il y a ainsi, dans le cours de nos fleuves administratifs, de ces brusques ruptures de pentes, de ces véritables *pertes* sous le rochers ? Pour vous répondre, il me faudrait dépasser de beaucoup le modeste horizon d'une étude sur notre orientation industrielle. C'est tout notre système administratif qui est en cause, ce sont les règles surannées de notre comptabilité publique, ce sont les mesures législatives et réglementaires qui ont érigé en dogme, dans chacun de nos ministères, l'impuissance ministérielle, transformé une douzaine de ministres ou sous-ministres et plusieurs quarterons de directeurs en autant de rois fainéants. On travaille, et beaucoup, et trop, dans nos bureaux. Mais on n'y *décide* jamais.

Laissons, pour aujourd'hui, cette grave matière et revenons, comme dit l'autre, à nos moutons.

II

L'État, ce ne sont pas seulement les bureaux, c'est aussi le Parlement, et le Cabinet.

Pourquoi notre démobilisation s'est opérée d'une façon irrationnelle, directement contraire aux intérêts industriels de la nation ? Parce que notre organisation parlementaire et gouvernementale, démocratique de nom, est en fait démagogique. Elle est une organisation de la surenchère.

J'assistais, par hasard, à l'une des premières séances de la Chambre où il fut parlé de la démobilisation. « Naturellement, dit un député, la démobilisation se fera *classe par classe.* » Cela fut dit comme s'il s'agissait d'une vérité première, indiscutable, d'un axiome de géométrie. Et le représentant du gouvernement de répondre — je l'ai ouï de mes oreilles : « *Naturellement...* » Il se trouva, je crois, *un* député pour estimer — seul contre son parti, seul contre tous les partis — que cela n'était pas si naturel. Car un plan de démobilisation avait été élaboré, chez nous tout comme en Allemagne ou en Angleterre, qui tenait compte des nécessités techniques, qui démobilisait le mécanicien de locomotive avant le garçon coiffeur, et l'ingénieur avant le manœuvre. Tout cela fut balayé par ce seul souffle : *Naturellement*.

La Révolution avait eu cependant le soin, en proclamant l'égalité juridique de tous les citoyens, de dire : pas d'autres distinctions entre eux que celles qui viennent de leurs « talents » et celles qui sont fondées sur « l'utilité commune ». Là est la vraie égalité des démocraties, non la fausse et menteuse égalité des démagogues. Ce n'est pas pour faire plaisir au chimiste qu'il eût fallu, dès août 1914, mobiliser le chimiste dans un laboratoire d'usine ; le chimiste, par goût du risque et par amour du panache, pouvait préférer la tranchée ; « l'utilité commune » exigeait que ses « talents » fussent employés dans un laboratoire ; car la République, pour résister à l'agression du tyran et de sa « horde d'esclaves », avait besoin de chimistes[1]. De même ce n'est pas pour faire plaisir à l'ingénieur qu'il eût fallu le démobiliser avant l'homme d'équipe, c'est parce que l'ingénieur doit être là pour donner du travail à l'homme d'équipe.

Gouvernement et Parlement — tous deux également coupables — ont préféré dire à l'ingénieur, à l'homme d'équipe, au mécanicien, au laboureur, au garçon coiffeur, à l'épicier, au cabaretier, au millionnaire oisif : « Quel âge avez-vous ? Classe 1910... Vous serez

1. Depuis que ces lignes étaient écrites a paru l'excellent et décisif ouvrage de M. Camille Richard sur *Le Comité de salut public et les fabrications de guerre sous la Terreur*, Paris, 1921.

démobilisé avant la classe 1913. Peu importe que l'utilité commune veuille que tel, de la classe 13, soit là avant vous ». C'est ainsi, par cette substitution brutale de l'état civil à l'utilité commune que nous avons connu ce douloureux paradoxe : une France où il y avait à la fois, au lendemain de la Victoire, manque de main-d'œuvre et chômage.

Tant que nous en serons là, tant que nous n'aurons pas renoncé au dogme, au sophisme de l'égalité démagogique pour revenir à la notion révolutionnaire de l'égalité vraiment démocratique, il n'y aura pas chez nous d'orientation industrielle possible.

Mettre chaque capacité à sa place de façon à tirer de chacune d'elles son maximum de rendement, c'est tout le problème. Le mécanicien n'est pas d'une essence plus noble que le garçon coiffeur. Seulement, il est plus utile.

III

A ces responsabilités de la puissance publique s'ajoutent celles du public lui-même. Elles sont multiples.

La guerre était une période anormale. Mais le lendemain de la guerre devait être, aussi, une période anormale. La convalescence est un état au moins aussi délicat que la maladie.

Nous étions un certain nombre, un petit nombre, pendant la guerre, à dire et à écrire : « Prenez garde.

La paix ne ramènera pas l'abondance, comme en ces peintures italiennes où l'on voit l'opulente déesse, nonchalamment étendue sur des coussins d'or, semer les fleurs sous les roues de son char, que traînent des lions apprivoisés. La paix ne ramènera pas les prix d'avant-guerre. Elle amènera plutôt une nouvelle hausse des prix, parce qu'il faudra réparer les ruines de la guerre, parce que la levée du blocus de l'Europe centrale augmentera subitement, autour de la table, le nombre des consommateurs, parce que nos instruments de transport, locomotives et bateaux, auront à faire face à un formidable effort, parce que la main-d'œuvre sera diminuée en nombre et en valeur.

« La paix sera, pour longtemps, une période de vaches maigres, période de restrictions nécessaires. Les organisations de guerre : prohibitions, contingentements, consortiums, seront nécessaires dans la paix comme dans la guerre ».

On n'a pas voulu nous écouter. A peine les cloches de l'armistice avaient-elles fini de tinter que tous s'écriaient : « A bas les restrictions! A bas les prohibitions! Vive la liberté! » La liberté est une douce chose. Mais d'abord il faut vivre, et ensuite philosopher sur la liberté. Lorsqu'il n'y a pas à manger pour tous, la liberté de se servir à sa guise, c'est, pour les plus forts, la liberté de prendre la part des autres et, pour les faibles, la liberté de mourir de faim, ou d'être mangés. La liberté du radeau de la *Méduse*.

A cette pression de l'opinion publique, personne n'osa résister. Sous prétexte que les organisations de guerre n'avaient pas été parfaites, on renonça à toute organisation. Ou plutôt, par une série de soubresauts incohérents, on supprima, on rétablit partiellement, on supprima de nouveau tout ce que l'on avait créé durant la guerre. Et puis on le rétablit encore...

Entendons-nous bien. Quand il s'agit de lancer au vent des paroles sonores, tout le monde proclame la nécessité de l'organisation industrielle et commerciale, tout le monde oppose à notre anarchie économique, à notre individualisme gaspilleur, la discipline, la cohésion des industriels allemands. « Organisons ! organisons ! » répète-t-on en chœur, comme ces figurants d'opéra qui chantent : « Marchons ! » Mais que l'État lève seulement le petit doigt pour organiser quelque chose, pour mettre un peu d'ordre en notre chaos, et tout d'un coup nos chanteurs changent de style. Dans les journaux les plus graves les économistes les plus distingués dénoncent l'État marchand de blé, ou marchand de charbon, la Ville de Paris marchande de poisson... Ils crient au « bolchévisme étatiste ». Ils peignent sur les murs la pieuvre-État qui vient saisir dans ses bras le malheureux contribuable et lui sucer le sang...

Il faudrait cependant choisir. Ou nous voulons être organisés, ou nous ne le voulons pas. Mais nous ne pouvons à la fois avoir les avantages de la concurrence illimitée, sans frein, et les avantages d'une production réglée.

IV

L'excuse de ces adversaires farouches de toute organisation, c'est, hâtons-nous de le dire, que les expériences faites dans le domaine de l'organisation industrielle n'ont pas toutes été également heureuses. Et pourquoi? Cela ne tient pas seulement à ce fait général que l'État français, tel qu'il est actuellement constitué, est aussi peu préparé que possible à jouer son rôle d'organisateur de l'industrie nationale. Héritier de l'État consulaire et impérial, il ne saurait, sans modifications profondes dans sa structure, s'adapter à ces tâches nouvelles.

Il y eut pis. Précisément parce que l'on savait nos fonctionnaires zélés, mais incapables de voir au delà de leur étroit horizon bureaucratique, on a voulu faire appel aux « compétences ». C'est-à-dire que, pour constituer des commissions interministérielles du change, de la laine, du coton, des métaux, etc., on prit, parmi les mobilisés disponibles, des banquiers, des filateurs ou des tisseurs, des métallurgistes ou des constructeurs... Compétents, certes, ils l'étaient; mais désintéressés, pas toujours. Tandis que le brave chef de bureau, stupide mais probe, aurait appliqué à la lettre des règlements, distribué les contingents en vertu d'un barème rigide, les « compétents » passent pour s'être, quelquefois, d'abord servis eux-mêmes, eux et leurs amis. Il nous faudra, surtout à propos des prohibitions d'importation et d'exportation, revenir sur cette plaie, la plus hideuse de toutes, une plaie où nous devrons porter le fer rouge...

Mais tout cela n'empêche qu'ils avaient raison, les ministres qui, prévoyant l'état de pénurie où nous allions entrer, voulaient centraliser l'achat et la répartition des denrées et matières premières. Il est déplorable que l'opinion publique les ait empêchés d'agir, une opinion égarée par des économistes auxquels les faits n'ont rien appris, et qui se firent eux-mêmes les instruments inconscients des intérêts particuliers. Car on n'organise pas l'industrie sans bouleverser les situations acquises, sans troubler la quiétude, la béatitude des possédants.

C'est ainsi que l'État, dès les premiers temps de la guerre, avait élaboré un plan très sage de ravitaillement de la France en viande frigorifiée. Double avantage : nourriture assurée, reconstitution de notre cheptel. Il suffit de ce mot lancé par les grands journaux, sans doute à l'instigation de quelques gros éleveurs : « l'État marchand de viande », pour déterminer le Sénat à repousser le projet. On y revint plus tard, trop tard, quand le mal fut irréparable.

Même histoire, et aussi lamentable, pour la laine. Il se rencontra, un jour, un ministre assez soucieux de l'avenir pour se dire que notre approvisionnement en laine serait malaisé après la paix; que surtout notre centre lainier roubaisien, le jour où il pourrait reprendre son activité, se trouverait en concurrence, sur le marché de la matière première, avec les industries des pays qui n'avaient pas souffert de la guerre et même avec les industries des pays ennemis. Il fallait donc assurer à nos Roubaisiens, à l'avance et à des prix fixés, la totalité de leur approvisionnement. Or, parmi les jeunes États qui ont manifesté pour la cause de la France la sympathie la plus enthousiaste se trouvait un gros producteur de laine, la République d'Australie.

Une convention fut donc élaborée entre la France et l'Australie, qui couvrait tous nos besoins en laine, en nous garantissant des prix égaux à ceux qui seraient faits à l'Angleterre elle-même. Il s'agissait de 100.000 tonnes. Notre industrie était donc mise, par un Dominion britannique, sur un pied d'égalité avec l'industrie anglaise.

Mais le gouvernement australien posait une condition. L'expérience lui avait appris que des marchandises britanniques cédées à nos importateurs à des prix modérés ne reparaissaient sur le marché français qu'après avoir subi d'énormes majorations. Or son but était d'aider au relèvement de l'industrie française, non de faire la fortune de quelques intermédiaires, ni de laisser croire au consommateur français que l'Australie voulait s'enrichir de notre détresse en nous faisant payer des prix élevés. L'Australie exprimait donc la ferme volonté de traiter directement, pour l'ensemble de la fourniture, avec le gouvernement français ou avec un organisme désigné par lui. A cet organisme ensuite de faire la répartition entre les intéressés.

On était alors au plus fort de la campagne contre les consortiums. « L'État marchand de laine! » quel argument pour ceux qui accusaient le gouvernement de fouler aux pieds la liberté commerciale! Le gouvernement n'osa pas aller contre le flot. La convention ne fut pas signée. Pendant que nous tergiversions, le gouvernement anglais, averti, se saisissait de toutes les laines de l'Empire, centralisait tous les stocks à Londres, et nous faisait savoir que nous pourrions recevoir notre part, une petite part, lorsque l'industrie britannique aurait été pourvue!

Voilà comment Roubaix dut s'estimer trop heureuse de ramasser les restes de Leeds et de Bradford. Mais du haut de l'empyrée, la bénédiction de saint Frédéric Bastiat et de saint Jean-Baptiste Say descendit sur les têtes inclinées des défenseurs du « laissez faire, laissez passer ».

Allons-nous continuer? Allons-nous, dans un monde où tous s'organisent, refuser de nous plier aux conditions nécessaires de l'organisation industrielle?

CHAPITRE V

LA CRISE DE L'INDUSTRIE FRANÇAISE EN 1920

« Le temps — disait il y a deux ans en pleine Chambre l'héritier d'un grand nom industriel, — le temps est passé du patronat de droit divin ». Ce que le Président du Conseil reprit à sa manière quelques jours plus tard, en disant qu'il était temps de réaliser la République non plus seulement dans la Cité, mais dans l'usine, d'en faire disparaître toute trace de « monarchie absolue ».

Quand une institution s'interroge ainsi elle-même sur son droit à l'existence, quand elle commence à se critiquer, c'est signe qu'elle s'affaiblit. Le patronat français n'a plus en soi cette foi entière, absolue, intransigeante, qui permet de défier tous les assauts. Naguère il eût opposé un silence dédaigneux, ou une résistance hautaine à certains projets de la Confédération générale du Travail, notamment aux projets de nationalisation de certains services publics. Aujourd'hui ces projets, on les discute. Même ceux qui les rejettent et dont ils menacent directement les intérêts admettent que certaines parties en sont défendables, et s'inspirent de préoccupations vraiment industrielles. Ils reconnaissent que la formule nouvelle est très différente de l'étatisme bureaucratique. Ils se demandent si, pour la bonne orientation de notre industrie de demain, il n'y aurait pas lieu d'en retenir quelque chose.

On ne peut que se féliciter de voir quelques éminents représentants du patronat, au lieu de s'enfermer dans une attitude purement négative, se déclarer prêts à la conversation. Mais n'est-ce point la preuve qu'ils se demandent, en leur for intérieur, si le patronat français a été, s'il est encore à la hauteur de sa tâche?

I

Il y a une forte exagération, disons-le tout de suite, dans les accusations d'impéritie que d'impatients réformateurs lancent contre le patronat français d'avant-guerre. Ils ont raison quand ils lui reprochent d'avoir, dans son ensemble, manqué d'activité, de s'être trop souvent contenté des solutions les plus faciles, de s'être endormi sur le mol oreiller des habitudes. Que de fois, en essayant de décrire les méthodes allemandes d'expansion économique, n'ai-je pas été tenté d'écrire un livre sous ce titre : *Les Méthodes françaises d'apathie économique* ?

Mais tout n'est pas juste dans ce réquisitoire. Il n'est pas vrai que nos industries fussent, en 1914, systématiquement inférieures à leurs rivales. Certaines de nos installations minières, par exemple, étaient déjà des modèles, et ce n'est pas la faute de leurs créateurs si quelques-unes ont été sauvagement détruites par l'ennemi, s'il fallut, à la paix, évaluer à huit ou dix ans le temps nécessaire pour leur rendre leur productivité d'avant-guerre. L'équipement de nos forces hydrauliques, très insuffisant en quantité, avait été, sur bien des points, réalisé de façon à faire honneur à la science de nos techniciens et à l'esprit d'initiative de nos sociétés industrielles, quelquefois même de nos banques. Si trop souvent nos industriels vivaient à l'état isolé, sans contact entre eux, trop absorbés par le marché intérieur pour s'organiser en vue de l'exportation, quelques industries du moins avaient formé des groupements puissants, régularisé la production, rendu les crises plus rares.

Il y avait là des indications précieuses, la preuve que tous les industriels et commerçants français n'étaient pas disposés à se laisser vivre, à attendre qu'un commissionnaire — souvent étranger, parfois allemand — vînt les débarrasser du surplus de leur production. D'ailleurs, l'apathie de certains d'entre eux avait des excuses. Comment auraient-ils songé à s'organiser, à rivaliser avec les cartels allemands, quand une législation désuète, mais non abolie, permettait à tout instant de poursuivre l'organisation comme un délit? Pouvaient-ils, même sur notre territoire, s'opposer au dumping allemand, quand notre système des adjudications publiques, inspiré par des préoccupations purement fiscales, livrait les commandes des administrations publiques précisément aux auteurs du *dumping* le plus audacieux ? Comment aurions-nous possédé une florissante industrie chimique, quand notre législation sur les brevets et notre tarification douanière semblaient avoir été combinées de façon à ouvrir la France à l'invasion des colorants et des spécialités pharmaceutiques de l'Allemagne ? Il faut tenir compte de tout cela pour porter un jugement sur le rôle de notre patronat.

Mais tout cela, c'est le passé. Hier, au lendemain de la paix, en présence de l'œuvre immense de reconstruction nationale qui doit absorber toutes nos énergies, le patronat industriel eut-il la claire vision de ses devoirs et de son rôle ? Lui qui a donné sans compter le sang de ses fils, se montra-t-il capable de pratiquer cette autre forme de patriotisme, si indispensable à notre renaissance, et que nous avons appelée le patriotisme économique ?

Le 10 février 1920, le ministre du Commerce adressait une exhortation pressante aux Chambres de commerce. Il ne pouvait leur être suspect, puisque lui-même était l'un de ces industriels dont il se trouvait momentanément devenu le chef. Dans cette lettre, il attirait l'attention de ses collègues sur la nécessité où nous nous trouvions d'exporter. Dans l'état de nos changes, on pouvait dire que le salut était à ce prix. « Or, disait le Ministre, il résulte des renseignements qui nous parviennent de divers côtés qu'un grand nombre de nos industriels et de nos commerçants, absorbés par les exigences du marché intérieur, en voie de reconstruction après une période de désorganisation pendant laquelle les stocks se sont épuisés, semblent se désintéresser de nos marchés extérieurs. »

Ce qui veut dire, en bon français : « Quand on n'a qu'à laisser venir à soi la clientèle, à quoi bon se donner la peine d'aller la chercher ? Quand on vend sur place tout ce que l'on veut, au prix que l'on veut, à des prix croissant tous les jours, à quoi bon envoyer des voyageurs ou des échantillons à Zurich, à Londres ou à Buenos-Aires ? Si nos clients de l'étranger se plaignent de ne rien recevoir de nous, tant pis pour eux. Si, découragés de ne rien voir venir de France, ils s'adressent de nouveau à l'Allemagne, et si l'Allemagne les sert, tant mieux pour les Allemands. Nous, nous faisons de bonnes affaires sans nous déranger. Nous n'avons qu'à nous frotter les mains. Nos carnets de commandes sont pleins. Que ferions-nous de commandes nouvelles ? »

Cet état d'esprit fut-il modifié par l'homélie ministérielle ? Je voudrais le croire. Je voudrais croire que la restriction de nos exportations, comme le président de la Chambre de commerce de Nancy l'écrivait au Ministre, était uniquement imputable à des erreurs administratives et aux charges qui grèvent notre production. Ces causes ne sont pas négligeables. Mais j'étais, vers cette même date de février 1920, dans un pays voisin et allié. On me communiquait une sorte de questionnaire adressé à une centaine de maisons françaises, et par lequel nos autorités consulaires les consultaient sur l'opportunité de se faire représenter dans ce pays. Savez-vous, à l'exception de quatre ou cinq, ce qu'elles ont répondu ? « Toute notre production est absorbée, et au delà, par le marché intérieur. Nous ne pouvons faire face aux exigences de nos clients français, comment nous occuper des clients étrangers ? » D'autres disaient, plus crûment : « Le marché extérieur ne nous intéresse pas. » La plupart répondaient simplement : « Nous y penserons plus tard. »

Plus tard... Là est l'erreur fondamentale. Non seulement le patriotisme économique conseillait d'y songer tout de suite, parce que c'est tout de suite qu'il fallait relever nos finances. Mais l'intérêt bien entendu était ici d'accord avec le patriotisme. C'est se faire de la vie économique internationale une idée bien fausse et bien courte que de croire que l'on peut, à son gré, choisir l'heure de l'exportation, attendre le moment où le marché national sera saturé avant de se lancer au dehors.

Depuis la paix, la dépréciation même de notre franc travaillait pour nous. Nos prix de revient, et par suite nos prix de vente, étaient assurément très élevés, quand on les évaluait en monnaie nationale, c'est-à-dire en billets de banque. Ils redevenaient au contraire très abordables, quand on transportait nos produits sur le marché international, où les prix se calculent en monnaie internationale, c'est-à-dire en or ou en substituts de l'or : francs suisses, pesetas espagnoles, florins hollandais, couronnes suédoises, ou dollars. Un objet marqué 100 francs, en temps normal, vaudrait à New-York 20 dollars ; il ne valait pas même, en mars 1920, 8 dollars [1] ; il avait donc une supériorite énorme sur l'article suisse ou espagnol de même prix nominal, lequel coûtait toujours 20 dollars. Et dans les pays dont la monnaie est à peu près au pair de la nôtre, que se passe-t-il ? En Belgique, par exemple, la hausse du dollar et même celle de la livre sterling agissent comme un droit protecteur très fortement différentiel, quasi-prohibitif à l'égard des marchandises américaines, encore très lourd sur les marchandises anglaises. Par conséquent, il existe, *sans aucune tarification douanière nouvelle*, un droit préférentiel très avantageux en faveur des produits français. A condition, cependant... à condition que les produits français viennent en Belgique !

S'ils y étaient venus, pendant cette période où il y avait pour les Belges un gros intérêt à les acheter, nos produits se seraient implantés sur le marché ; ils s'y seraient fait connaître, ils y auraient acquis une clientèle. Le jour où l'équilibre économique sera rétabli, nos clients belges nous resteraient fidèles ; car les courants commerciaux, une fois bien dessinés, ne se lais-

1. Six dollars au 31 mars 1920. Naturellement ces prix doivent être modifiés en tenant compte des changes de 1922 et du mouvement général des prix depuis deux ans.

sent pas aisément déplacer. Si au contraire nous disons aux Belges : « Nous n'avons pas le temps de nous occuper de vous. Nous avons trop à faire chez nous. Achetez ailleurs en attendant. Achetez vos vins en Espagne, en Portugal. Quand nous aurons un excédent de vendanges, quand nous commencerons à craindre la mévente, soyez tranquilles, nous vous enverrons nos vins à pleins foudres », — savez-vous ce qui arrivera? Les Belges se seront faits au goût des xérès et des alicantes, ils auront noué des relations avec les exportateurs de Valence ou de Carthagène, et vous verrez comme vous serez reçus quand vous irez leur offrir, je ne dis pas du Romanée-Conti ou du Saint-Emilion (ceux-là trouveront toujours preneurs), mais nos bourgognes ou nos bordeaux courants, mais nos vins de Moselle ou de Touraine, mais nos petits crus paysans, d'une saveur si appréciable. On nous dira : « Trop tard. » Le marché belge sera perdu pour nous.

Aussi le Ministre avait-il tout à fait raison d'écrire : « Chacun devrait examiner les conditions de sa production en vue de réserver une part plus grande à l'exportation, dût-il, par contre-coup, sacrifier, dans une certaine mesure, les acheteurs du marché national. » Cela n'est pas nécessaire seulement parce qu'il faut relever notre franc et rendre ainsi moins onéreuses nos importations de matières premières. Cela est nécessaire encore parce qu'il nous faut réserver l'avenir.

Mais pour arriver ainsi à faire deux parts dans sa

production — celle du dedans et celle du dehors — pour nous assurer dès à présent au dehors des positions stratégiques essentielles, il ne faut pas agir isolément, il faut se grouper ; il faut, quelque embarras que j'éprouve à employer encore un mot bien usé, il faut s'organiser. Seule, une maison n'est pas, d'ordinaire, en état de renoncer à une part de ses ventes si avantageuses sur le marché national ; seule, elle ne peut engager les dépenses de publicité, de représentation, etc., qui grèvent les ventes sur le marché extérieur ; seule, elle est obligée de passer, quand elle vend au dehors, par des intermédiaires, et de subir la loi de ces intermédiaires — qui ne désirent qu'une chose : gagner le plus possible, à la fois sur l'exportateur français et sur le client étranger.

Voici un exemple frappant : Nos éditeurs, inquiets de voir s'élever chaque jour le prix du papier, de la composition, de tout ce qui entre dans un livre, n'osent plus faire imprimer. Quand ils ont doublé, parfois plus que doublé, le prix d'un livre, ils couvrent à peine leurs frais. Ils ne peuvent songer à un bénéfice que si la notoriété de l'auteur leur permet de réaliser, d'emblée, un fort tirage. Donc, silence aux jeunes ! comme si les écrivains aujourd'hui fêtés du public n'avaient pas été des jeunes en leur temps. « Je ne peux plus, dit l'un d'eux, éditer d'ouvrages de philosophie, parce qu'autrefois je tirais les livres d'un débutant à 500 exemplaires ; aujourd'hui je ne peux tirer à moins de 2.000. J'édite du Bergson, du Janet. — Et si un génie inconnnu, un nouveau Bergson, vous apportait un manuscrit demain. — Je refuserais de l'éditer. Je lui dirais : « Repassez, « quand vous serez sacré par la gloire. » Le dommage est grand pour la pensée française. Le prix croissant du livre français est un obstacle chaque jour moins surmontable à la diffusion de cette pensée dans le monde. Cette pensée, qui a guidé les peuples durant la guerre, risque de mourir de sa victoire même.

Et alors nos éditeurs de se tourner vers les sociétés dont c'est la fonction de travailler à l'expansion intellectuelle de la France, et d'appeler leur attention sur la grande pitié du livre français. Et tous ensemble, éditeurs et sociétés, les voilà qui se tournent vers l'État et qui lui demandent mille choses, les unes très bonnes, les autres moins : la réduction des droits de douane sur le papier du livre, comme on l'a obtenue sur le papier du journal (croit-on que la diffusion du livre français ou de la revue française soit moins utile que celle du journal quotidien?) ; la revision de la loi de huit heures, « ce pelé, ce galeux dont viendrait tout le mal »,.. Que sais-je encore?

Mais si, en attendant, MM. les éditeurs et libraires voulaient bien s'aider un peu eux-mêmes? Cela n'est peut-être pas impossible.

Le livre est cher pour le Français, qui paie 5 ou 7 francs ce qu'il payait 3 fr. 50. Il est cher pour le Belge. Il est hors de prix pour le Tchèque, ou le Roumain, ou l'Autrichien, ou le Serbe, ou le Polonais. Et cela est très malheureux, car ces peuples, dont certains sont nos amis, et presque nos filleuls intellectuels, vont se trouver, pour un avenir indéterminé, sevrés de culture française. Mais le livre français sera-t-il cher pour le Suisse, ou le Canadien, pour le Brésilien ou l'Argentin, pour le Hollandais ou le Scandinave? Non pas, à condition que nos prix actuels, 5 francs, 7 francs, soient correctement traduits, à Berne ou à Zurich, en francs et centimes suisses, en dollars et cents à Québec ou même à New-York, en milreis à Rio. Les conditions du change créent au contraire, sur les marchés à monnaie forte, une prime en faveur du livre français. Or, comme la plupart des pays civilisés extra-européens et une bonne partie des pays européens sont actuellement des pays à monnaie forte, jamais, jamais peut-être depuis le XVIIIe siècle, les conditions n'ont été plus favorables à l'expansion de la pensée française dans le monde. Laisserons-nous échapper cette occasion inespérée?

Les circonstances, si douloureuses à tant d'égards, mettent entre nos mains un instrument d'une incomparable puissance. Mais il faut savoir s'en servir. Or, que se passe-t-il? Comme l'organisation commerciale de notre librairie d'exportation est très imparfaite, comme nos ventes de livres à l'extérieur ne sont pas contrôlées, le livre marqué 7 francs *français* se vend, à Berne ou à Bâle, 7 francs *suisses*, c'est-à-dire au prix énorme de 15 *ou* 17 *francs français*, suivant le change.

Le vendeur local empoche la différence. C'est à peine si quelques librairies, dites françaises, consentent à leur clientèle suisse une ristourne de 20 p. 100, comme si cette ristourne signifiait quelque chose quand le franc français vaut 40 ou 45 centimes sur les places suisses[1] !

Que font cependant les Allemands ? En matière de librairie comme en toutes matières, ils distinguent ce qui est indispensable aux acheteurs étrangers et ce que ceux-ci peuvent se procurer ailleurs. Les livres de la première catégorie, ouvrages technologiques par exemple, sont facturés au prix fort, c'est-à-dire avec conversion du mark en francs sur la base classique de 1 fr. 23. Mais pour les ouvrages de science pure, de littérature, de politique, on les voyait dès 1920 décorés, dans les librairies de Zurich ou de Berne, de petits papillons ainsi rédigés : « Marqué 6 fr. 50. En raison du cours du change : 2 fr. 60. » Et voilà comment on vend, chez les neutres, des classiques français dans des éditions de Leipzig !

Mais si les Allemands peuvent imposer ainsi aux librairies neutres les pratiques commerciales qu'ils jugent conformes à leurs intérêts, c'est parce que la librairie allemande est une puissante, une formidable organisation. La grande maison du livre qui s'élève à Leipzig concentre toutes les forces de l'industrie et du commerce des livres. Par ses agents, par ses revues, par ses catalogues, par ses merveilleux services de livrai-

1. Tout ceci, écrit en 1920, s'est un peu, mais trop peu modifié.

son, elle pèse d'un poids énorme sur le marché international ; elle y parle en souveraine. — On nous promet, à Paris, une Maison du Livre[1]. Souhaitons qu'elle s'installe très vite. Souhaitons qu'elle groupe *toutes* les forces de la librairie française, et qu'on ne voie point certaines maisons faire bande à part, sous prétexte qu'elles sont assez grandes pour agir seules, qu'elles n'ont besoin de personne[2].

On a souvent besoin d'un plus petit que soi. La France, elle, a besoin d'un patronat organisé. S'il se montre, par excès d'individualisme, incapable de se discipliner lui-même, qu'il ne s'étonne point d'apprendre que l'on propose de l'organiser d'en haut, par mesure administrative — ou de le remplacer par une autre organisation. La nation ne saurait tolérer plus longtemps que ses forces continuent à se disperser, à se gaspiller, à s'user sans profit pour elle.

II

A tous les reproches, le patronat répond : « Loi des huit heures ! » — C'est le « tarte à la crème » de toutes les discussions.

1. Depuis, elle a été créée, et elle a mené une enquête très intéressante sur la question de la vente du livre français.

2. Notre souhait ne s'est pas complètement réalisé. Par contre une maison française a su faire éditer, sous son contrôle, des livres français à Vienne. Mais l'entreprise est encore restreinte à un seul des Etats de l'Europe centrale, et à un seul genre de production intellectuelle, la littérature d'imagination.

Que la loi ait été votée très vite, à l'aveuglette — comme presque toutes nos lois — d'accord. Qu'elle ait traité de même manière des professions très dissemblables, celle du peintre en bâtiments qui lance son refrain, sous le soleil, du haut d'un échafaudage, et le mineur qui peine à plus de mille mètres sous terre; qu'elle prétende s'appliquer aux pays où chante la cigale comme aux brumes lilloises, d'accord aussi; qu'elle n'ait tenu un compte suffisant ni des nécessités industrielles, ni des besoins immédiats de notre reconstitution, je n'y contredirai point.

Mais... à qui la faute? Il ne fallait pas être grand clerc, il y a dix ans, pour voir que le monde civilisé, et non pas seulement la France, s'acheminait vers une réduction de la journée de travail. L'exemple de l'Amérique, celui de l'Angleterre étaient là pour montrer que l'on peut produire, et produire beaucoup, dans des journées courtes.

Qu'aurait dû faire, dès lors, un patronat avisé? Nous le disions tout à l'heure. Accepter hardiment le principe de la journée courte, et étudier les conditions d'application qui permettraient à la réforme de se réaliser sans dommage pour l'industrie. Si l'on avait étudié ces conditions, avec le sincère désir d'aboutir, d'accord avec les techniciens et d'accord aussi avec les syndicats ouvriers, je crois que l'on serait arrivé à éviter les à-coups, les soubresauts dont nous souffrons aujourd'hui.

Qu'a-t-on fait? Je parle en général, et en laissant de côté les exceptions. On a préféré se raidir dans une attitude intransigeante. Comme Guizot déclarant qu'il n'y avait pas de jour pour le suffrage universel, on a proclamé qu'il n'y avait pas de jour pour la journée de huit heures. Le résultat, c'est que les ouvriers se sont raidis à leur tour. Les deux orgueils, l'orgueil patronal et l'orgueil ouvrier, se sont heurtés. Une question technique est devenue une affaire d'amour-propre, et une question de force. Après la guerre, après l'effort quasi-illimité qu'ils avaient fourni, et se prévalant des promesses qui leur avaient été prodiguées à l'heure du péril, les ouvriers ont exigé les huit heures, mais les huit heures sans phrases, les huit heures brutales, sans les distinctions et les ménagements nécessaires.

Cette expérience aura-t-elle éclairé le patronat? Lui aura-t-elle donné cet esprit de sage opportunisme qu'on admirait jadis chez les conservateurs anglais, et qui les poussait à toujours consentir une réforme la veille du jour où elle serait devenue une révolution?

J'ai pu le croire, à l'automne de 1919, lorsque, dans le bulletin d'une grande association patronale, il m'a été donné de lire que cette association préconisait, entre autres moyens de remédier à la vie chère, les mesures suivantes :

« 1° Répandre les données des sciences économiques et sociales parmi la classe ouvrière et la classe patronale (système Taylor, diminution des chômages et des grèves, contrat collectif de travail) ; 2° Dissiper, autant qu'on pourra, le malentendu qui existe entre les classes sociales et développer peu à peu, dans l'élite ouvrière, l'idée de l'intérêt collectif ». Puis, création de laboratoires, « emploi du système des primes collectives » à la production, développement des coopératives, amélioration des transports et de l'outillage, « emploi des méthodes intensives de travail et organisation des moyens d'exportation ».

Je n'en croyais pas mes yeux. Et dans ma joie, je me disais que le patronat français avait enfin compris : amélioration de l'outillage et des méthodes de travail, n'est-ce pas, ici comme en Amérique ou aux antipodes, le moyen de rendre la journée de huit heures inoffensive, bienfaisante peut-être?

Hélas! ma joie devait être de courte durée. Quelques jours plus tard, je recevais, par les soins de l'Association en question, un petit papier rose — ce que les typographes appellent gracieusement un papillon — où l'on expliquait que les pages que j'avais admirées représentaient « les conclusions toutes personnelles d'un enquêteur occasionnel »; on m'avertissait que « ces conclusions ne reflétaient en aucune manière les tendances » de l'Association. On me priait de considérer ce texte comme « inexistant ». On ajoutait même : « Nous serions reconnaissants à nos lecteurs de bien vouloir insérer d'une manière fixe la présente feuille entre les pages tant et tant de l'exemplaire entre leurs mains. »

De grand cœur, j'ai déféré à cette invitation. J'ai soigneusement collé, en bonne place, le papillon rose. Je l'y laisserai. Car on n'a pas tous les jours la chance de recueillir un document d'un prix aussi inestimable — document pour servir à l'histoire intellectuelle et morale du haut patronat français au lendemain de la grande guerre.

Donc, nous devons considérer comme non avenues les sages, les humaines, les prévoyantes propositions qu'un imprudent enquêteur nous avait présentées. Donc, si le papillon rose est une encyclique dont ces propositions seraient le *Syllabus*, il faut s'écrier : « Anathème à qui dira que l'on doit répandre les données des sciences économiques et sociales parmi la classe ouvrière et *même* la classe patronale... Anathème à qui dira qu'il faut dissiper, autant qu'on le pourra, le malentendu qui existe entre les classes sociales et développer peu à peu, dans l'élite ouvrière, l'idée de l'intérêt collectif. » Faut-il ajouter : « Anathème à qui parlera de créer des laboratoires de recherches, ou des coopératives, ou qui proposera d'améliorer l'outillage » ?

Laissons là toute ironie.

Ce qui est grave, c'est de constater à quel point le haut patronat, si nous le jugeons d'après ces textes, a mal entendu la leçon des faits. Il semble ne pas se rendre compte que les concessions utiles, ce sont celles que l'on offre spontanément, de bonne grâce, et non point celles que l'on ne consent que sous la menace.

Celles-là ne servent à rien, sinon à éveiller de nouvelles convoitises et à démoraliser ceux qui les ont arrachées plutôt qu'obtenues, en leur apprenant que tout s'obtient par la violence. Il y a longtemps que le vieux Corneille l'a dit :

La façon de donner vaut mieux que ce qu'on donne.

Je crois, d'ailleurs, que de nombreux patrons pensent comme moi. N'est-ce pas dans un périodique patronal, dans une revue publiée sous le patronage d'une Chambre de commerce [1] que je lisais ces mots si justes, à propos de la surtaxe de 30 francs imposée le 15 février 1920 aux charbons français :

« Cette taxe est destinée, hélas! à compenser une nouvelle ristourne sur les charbons anglais hors de prix. Et l'on discute, on ratiocine sur quelques francs de pension à nos mineurs, alors qu'à pleines mains on les verse dans la main des Anglais. Triste mentalité, en vérité ! »

Cette mentalité changera-t-elle ? Dans la réponse à cette question tient l'avenir du patronat français.

1. *L'Union économique de l'Est*, 1er mars 1920, p. 66, 2e col.

CHAPITRE VI

LA LEÇON DES CRISES

Que se passa-t-il en l'automne de 1920?

On nous a dit et répété, avant et depuis l'armistice, que la France et le monde manquaient de tout : de denrées pour se nourrir, d'étoffes pour se vêtir, de bois, de pierre, de plâtre pour construire des maisons, de fer et d'acier, de wagons et d'automobiles... On nous a répété qu'il y aurait du travail pour tout le monde, qu'on manquerait de bras, qu'il faudrait, comme on dit en un français barbare, « intensifier » la production. Et lorsque cette production n'atteignait pas tout de suite les chiffres d'avant-guerre, on dénonçait la fameuse « vague de paresse », qui menaçait de tout submerger.

Comme conséquence — et remède — de cette pénurie universelle, on nous offrait la hausse des prix. Hausse constante et progressive. « Comment, disait-on, en serait-il autrement? A peine un produit sort-il de l'usine, il est, d'avance, réclamé par des dizaines, des centaines de consommateurs. Si vite que battent les métiers, si rapides que soient les tours, ils ne peuvent fabriquer autant de chaussettes qu'il y a de pieds nus, autant d'outils qu'il y a d'ouvriers. Le monde souffre d'une crise de sous-production. La sous-production engendre fatalement la hausse des prix. »

Les producteurs, maîtres du marché, prétendaient prélever comme bénéfice, sur les prix en hausse, un pourcentage égal à celui qu'ils prélevaient sur les prix d'avant-guerre; le bénéfice devenait ainsi considérable. C'était un axiome que l'industrie enrichit rapidement son homme. Les actions des sociétés industrielles voyaient leurs dividendes grossir et, par suite, leurs cours s'élever, au fur et à mesure que s'élevaient les prix des produits. Car tout actionnaire d'une société anonyme est, à sa manière, qu'il le veuille ou non, une fraction d'industriel. Il possède un ou plusieurs millièmes de telle entreprise, au capital de tant de millions. Comme les prix des produits semblaient devoir croître sinon indéfiniment, du moins très longtemps, la hausse des valeurs industrielles devait suivre à la même allure, progressivement accélérée.

Or voici qu'à la fin de 1920 on parle, plus ou moins mystérieusement, d'usines qui arrêtent ou restreignent leur production. Telle débauche 1.500, telle autre 2.500 ouvriers. De cette autre, on raconte sous le manteau que sa situation est peu solide et que, si l'on ne vient à son aide, elle pourrait bien aller au désastre. Un vent de faillite passe sur certaines industries françaises, et tout le monde en a le frisson. Ces inquiétudes, qui parfois sont des angoisses, se traduisent sur le marché financier par la baisse brutale des valeurs industrielles. Et l'on parle d'une crise nouvelle, d'une crise de surproduction.

I

Y a-t-il — je veux dire y eut-il alors — surproduction ?

C'est-à-dire : y eut-il dans le monde, et particulièrement en France, à la fin de 1920, trop de blé, trop de viande, trop de charbon, trop de vêtements, trop de bateaux, trop de voitures ? Qui pourrait sérieusement le soutenir ?

Il suffit de regarder autour de soi — et chez soi — pour se persuader que, même en 1922, nous sommes loin de la surproduction. La preuve qu'on n'a pas construit trop de maisons, c'est que nous ne trouvons pas à nous loger, et qu'on offre journellement des primes énormes à qui vous indiquera un appartement. La preuve que nous ne regorgeons pas de charbon, c'est qu'à la veille de la grève anglaise il a fallu, pour ne pas revoir la crise du combustible, constituer d'énormes stocks de précaution. Et que dire des pays moins favorisés, plus dépendants encore des pays à change élevé ? En Italie, les locomotives ralentissaient et parfois s'arrêtaient, les tramways cessaient brusquement leur service, parce que l'étranger ne livrait qu'un charbon aussi rare et aussi mauvais qu'il était cher. Le même pays manquait de grains et de farines, c'est-à-dire de pain et de pâtes alimentaires ; il manquait de lait, et malheureusement ses *bambini*, n'ayant pas l'avantage d'être de Vienne ou de Berlin, n'éveillaient pas la pitié des bonnes âmes internationales.

Dira-t-on que nous avions trop d'étoffes? Allez le dire, messieurs, à votre tailleur, ou vous, mesdames, à vos couturières ! Quand on reprochait à nos industriels de négliger les plus belles affaires d'exportation et de laisser prendre par d'autres nos débouchés extérieurs, ils répondaient qu'ils n'arrivaient même pas à satisfaire aux besoins du marché national.

Il n'y avait donc pas de surproduction. Et cependant, il y avait, dans certaines industries, *sous-consommation*, c'est-à-dire que le produit n'était pas, aussi vite qu'il eût fallu, acheté par le consommateur ou par l'intermédiaire, qu'il ne sortait pas de l'usine, qu'il l'encombrait, au lieu de faire place nette pour les produits nouveaux. En langage industriel, on disait qu'il y avait des stocks, trop de stocks.

Cette question des stocks est très complexe. Il faut des stocks, pas trop n'en faut. Dans l'industrie moderne, qui travaille en série, et qui vend sur échantillons, il n'est pas possible de lancer un article nouveau quand on en n'a encore fabriqué que quelques douzaines. Voyez-vous les agences de publicité vantant un produit, les acheteurs se précipitant dans les magasins pour l'acquérir, et, au bout de deux jours, on leur répondrait : « Épuisé ! » Si bon que soit le produit, ils ne s'y laisseront pas prendre à deux fois ; ils ne se dérangeront plus. Le stock, c'est le régulateur de la production.

Il est une limite au stockage, limite variable d'ailleurs suivant les produits, suivant leur volume, leur poids, leur prix de revient. Il est plus facile d'emmagasiner des boîtes de conserves que des autos de luxe. Même pour des boîtes de conserves, s'il s'agit de millions de boîtes, le stock représente un capital dormant. Ce capital, je le sais bien, l'industriel le retrouvera le jour où il écoulera son stock ; s'il vend avec un gros bénéfice, il augmentera ce capital. L'existence de ce stock, en lui permettant de lâcher ses marchandises petit à petit, suivant les besoins, le garantit contre la chute des prix, qui résulterait d'une brusque surabondance du produit. Le stock est le régulateur des prix.

Mais, en attendant l'heure où on écoulera les stocks, il faut vivre, il faut faire vivre l'usine. Or l'usine moderne est une terrible mangeuse d'argent. Pour que l'outillage travaille, il faut chaque jour jeter de la matière fraîche entre ses mâchoires d'acier. S'il ne travaille pas, il se détériore. A cet outillage est adapté un outillage humain, une armée ouvrière, qu'il faut entretenir. Non pas seulement les ouvriers, mais les techniciens, mais les employés du service commercial de l'entreprise. Et comme l'entreprise est le plus souvent constituée sous la forme anonyme, il faut rémunérer les capitaux engagés dans l'affaire.

En temps ordinaire, quand les stocks sont limités, c'est avec le produit journalier de ses ventes que l'entreprise règle ses dépenses journalières. Mais si les stocks s'accumulent ? si, au lieu de vendre les produits, on les garde ?

Pourquoi les garde-t-on en l'automne de 1920 ? Pourquoi, au lieu de vendre des kilomètres d'étoffes, industriels et commerçants les ont-ils emmagasinés ? Pourquoi ont-ils fait des stocks ? Et comment ont-ils réussi à les conserver ?

II

A côté de toutes les raisons qui maintenaient et qui, pendant une longue période encore, maintiendront les prix de toutes choses à un niveau très supérieur à celui d'avant-guerre, il existait tout de même des raisons qui auraient dû, normalement, amener une baisse progressive des prix.

D'abord — plaçons-nous toujours par la pensée vers la fin de 1920 — nous ne sommes plus en guerre. Ou du moins si la guerre sévit — plus d'un an après la paix et deux ans entiers après l'armistice — sur de trop nombreux points du globe, l'Europe occidentale, l'Atlantique, la Méditerranée, le Pacifique sont tranquilles. Les terres dévastées se reconstituent. Au gré de nos désirs, c'est trop lentement. En réalité, c'est souvent plus vite qu'on n'eût osé l'espérer. Je dirai même que cette rapidité dans la reconstitution, particulièrement de la Belgique et de la France, ne va pas sans quelques désavantages. Elle permet à nos ennemis, — et même à quelques-uns de nos amis — de nous dire : « Vous n'étiez pas si malades. Vous vous remettez assez bien. »

Toujours est-il que nos industries se relèvent. Nos exportations, encore très inférieures en 1920 à nos importations, grossissent de mois en mois. Deux symptômes sont particulièrement réjouissants : ce qui monte surtout, c'est le chiffres de nos ventes de produits fabriqués ; et, parmi nos importations, la plus grosse part est faite de matières nécessaires à nos industries. Cela témoigne d'une activité saine.

Cela ne suffit pas pour amener la baisse des prix. L'énormité, encore inévitable, de nos achats à l'étranger, surtout aux pays à change élevé, maintient le nôtre très bas. Ainsi s'aggrave la situation née de notre position de débiteur. Nous payons très cher les matières premières que nous achetons à nos grands alliés, puisque nous les payons en livres à 50 ou 52 francs, en dollars à 15 francs[1]. Et nous ne pouvons que peu à peu substituer à ces matières chères des matières à meilleur marché, achetées en des pays à change inférieur au nôtre.

1. Chiffres de l'automne 1920.

Quelle que soit la vigueur du frein constitué par le change, la baisse des prix a tout de même commencé dès lors sur le marché des matières premières. L'Angleterre, qui avait monopolisé toute la laine australienne, doit songer à s'en défaire. Le coton a baissé à New-York, puis à Liverpool, et même au Havre. Le sucre, qui était si rare, redevient plus abondant. A Cuba, il est tellement abondant qu'il a fallu sauver l'île d'une crise désastreuse. Enfin, nous venons de saluer — indice des temps meilleurs — une légère baisse sur le charbon. Ne doit-elle pas, en bonne logique, se répercuter sur tous les produits dans lesquels entre de la houille? Une autre cause universelle de baisse, c'est la baisse des frets. Il n'y a plus de sous-marins, et les chantiers travaillent. Le tonnage mondial a retrouvé son chiffre d'avant-guerre et de nouvelles flottes sont nées, ou se sont prodigieusement accrues, l'américaine, la japonaise. Entre ces flottes et les anciennes s'établit une concurrence qui, pour le moment, est à l'avantage des marchandises transportées. Pour notre pays, client des pays d'outre-mer, la baisse des frets est un correctif à la hausse des changes.

Quand on a vu tout cela, quand on a constaté la baisse des matières, on a dit aux vendeurs : « Baissez le prix de vos produits. » Ils ont répliqué : « Non. La paire de chaussettes que je vous vends aujourd'hui, elle n'a pas été fabriquée avec le coton qui se vend aujourd'hui au Havre, mais avec celui qui s'y est vendu il y a six mois. Attendez six autres mois pour que la baisse du coton détermine la baisse des chaussettes. » D'où ce paradoxal spectacle des produits qui continuaient à hausser tandis que baissait le prix des matières.

Notons en passant que l'argumentation des industriels, des grossistes et des détaillants était quelque peu sophistique. Lorsque se produisit naguère la hausse du coton, c'est immédiatement que nous vîmes se relever le prix des chaussettes. Cependant ces chaussettes, que l'on avait mis six mois à fabriquer, avaient été faites avec du coton payé à bon compte. On voudrait, après nous avoir fait subir par anticipation la hausse, nous refuser le bénéfice immédiat de la baisse. On voudrait, en ce voyage gagner à la fois sur l'aller et sur le retour. Nous avons le droit d'estimer que cela n'est pas juste.

C'est pour lutter contre la baisse qu'on a fait des stocks. Produire, mais ne pas vendre, tel est le problème. Si l'on ne vend pas, on raréfie la marchandise. On amène donc la hausse des prix, et on est en mesure de ne lâcher la marchandise sur le marché que le jour où cette hausse procurera au détenteur du stock un joli bénéfice. Le détenteur, ce n'est pas toujours, au reste, le fabricant, ni un commerçant régulier. C'est trop souvent un marchand d'occasion, qui a mis le main sur un lot de marchandises, et qui le garde ; ou qui le revend, avec bénéfice, à un tiers qui le gardera pour le revendre plus cher encore.

Mais comment conserver des stocks, c'est-à-dire ne

pas vendre, sans cependant tarir la source des profits industriels et commerciaux que nous avons dits indispensables à la marche de l'entreprise? On s'adresse aux banques, qui font des avances sur marchandises, qui prêtent sur stocks. Pendant longtemps les banques ont trouvé ce jeu de leur goût : elles percevaient l'intérêt de leurs avances, et elles avaient pour gage la marchandise. L'industriel, lui, payait ses matières, ses ouvriers, etc., avec l'argent des banques, avances garanties par ses stocks. Le produit, non vendu, servait à fabriquer des produits nouveaux. Les stocks engendraient les stocks.

Pourquoi cela n'a-t-il pas duré ?

III

Lorsque mon tailleur m'a dit : « Ce complet, qui valait 200 francs, vous le paierez cette année 300 », je me suis incliné, j'ai payé. Mais lorsqu'il m'a dit : « Ce sera 600. Et si vous ne commandez pas tout de suite, dans six mois ce sera 1.000 », j'ai fait retourner mon vieil habit. Il attendra, philosophiquement, la baisse.

Ceci veut dire que le porte-monnaie du consommateur a, comme tous les corps, sa limite d'élasticité. Cette limite, en bien des cas, est atteinte à la fin de 1920 ; elle est bien près d'être dépassée. Les stockeurs avaient compté réaliser un très beau bénéfice en attendant, en provoquant la hausse. Mais la hausse en est venue à ce point qu'elle réduit la consommation. Encore une fois, il n'y a pas surproduction, puisque le besoin des produits subsiste. Mais la capacité d'absorption de la clientèle n'est pas indéfinie. Les stockeurs l'ont mal calculée.

Ils ont compté, sans doute, sur les « profiteurs de la guerre ». Mais, pour nombreux qu'ils soient, ces « profiteurs » sont, en tous pays, une quantité limitée. Lorsque chacun d'eux s'est offert une auto de 50.000 francs, des colliers de perles, des diamants, que faire des autos de luxe restantes, et des bijoux invendus ?

Pour les articles utiles, la crise de mévente s'aggravait de ceci : sur le territoire des anciens belligérants, il existait, à côté des stocks proprement industriels, d'autres stocks, les stocks de guerre. Si j'ai besoin d'un camion, pourquoi irais-je payer très cher le camion sortant de l'usine, puisque je peux me procurer, à bon prix, un camion très sortable, parfois presque neuf, ou peu fatigué, toujours réparable ? D'autre part, le rétablissement des relations commerciales rouvre nos portes à la concurrence étrangère, permet à des étrangers d'installer chez nous des usines d'assemblage. Rien à faire contre cela. Ni tarifs douaniers, ni hausse des changes ne peuvent empêcher Ford de baisser son prix de 35 p. 100. Que feront, alors, nos propres constructeurs ?

Ils avaient le choix entre deux lignes de conduite. Ou bien écouler progressivement leurs stocks, de façon à réaliser progressivement la baisse. S'ils s'étaient entendus, groupés, s'ils avaient formé entre eux un syndicat de garantie contre les conséquences de la baisse, ils auraient, dans leur intérêt comme dans celui du public, évité les brusques dénivellations de prix, et réparti leurs pertes (disons plutôt leurs manques à gagner) sur plusieurs mois. — Ou bien ils pouvaient, se raidissant contre l'évidence, maintenir leurs prix, ce qui revenait à garder leurs stocks.

C'est, en général, ce qu'ils ont fait. Mais alors les banques se sont inquiétées. Une banque qui s'inquiète, c'est un taux d'escompte qui se relève. Une banque qui s'inquiète davantage, c'est un guichet qui se ferme.

Les industriels tinrent bon. Avec leurs bénéfices, ils n'avaient pas seulement acheté, au temps des vaches grasses, de la matière et de l'outillage, mais aussi des titres industriels. Telle grosse entreprise d'engrais est actionnaire de telles entreprises d'électricité ou de construction mécanique, ou de transports. Ayant le choix entre vendre leurs produits ou vendre leurs titres, les entreprises préférèrent garder leurs produits, qu'elles ne voulaient pas livrer à bon marché, et vendre leurs valeurs, qui étaient cotées cher.

Mais en jetant sur le marché des paquets de titres, elles en ont fait baisser le cours. Elles diminuaient ainsi la valeur des titres qu'elles détenaient encore en portefeuille et qu'elles se réservaient de vendre plus tard. En second lieu, la solidarité qui unit les diverses branches de l'industrie moderne est si étroite qu'il n'est pas sans danger, pour l'industrie chimique, d'ébranler l'industrie mécanique, ou telle autre. C'est à toutes les industries que les banques firent mauvais visage, et le public se mit à refuser toutes les valeurs industrielles.

Une industrie, parce qu'elle est fortement groupée, a été plus sage. Le gouvernement ayant abaissé de 250 à 175 francs le prix du coke, les métallurgistes se sont engagés à pratiquer une baisse de 20 p. 100 environ sur le prix des fontes, des aciers, des tôles, des produits finis. Rejetant loin d'eux le sophisme des stocks, ils ont eu bien soin de dire : « Les nouveaux prix de vente sont immédiatement applicables; *ils s'appliquent donc aux produits stockés et non encore vendus.* » Les groupements métallurgiques n'eurent pas la prétention d'ajouter à leurs bénéfices du temps de hausse un nouveau bénéfice du temps de baisse. Très sagement, ils descendirent même leur prix de vente un peu au-dessous du chiffre qui résulterait d'une pure application mathématique de la réduction des cokes[1]. Ils ménageaient l'avenir.

C'est ainsi, *en organisant la baisse*, qu'on empêcherait les crises de se muer en catastrophes.

Lorsque la catastrophe se produit, ou même lorsque la crise de mévente devient trop intense, l'un de ses pre-

1. A en croire les mauvaises langues, la crainte de la concurrence étrangère, spécialement de la concurrence belge, aurait été, ici, le commencement de la sagesse. Mais cela ne rend pas la sagesse moins sage.

miers effets, nous l'avons vu en débutant, est d'amener le licenciement d'un très grand nombre d'ouvriers. Ne pouvant diminuer ni leur outillage, ni leurs stocks de matières, ne voulant pas écouler leurs stocks de produits, les industriels n'ont qu'une ressource : diminuer la main-d'œuvre. Ces mises en chômage se produisaient à la veille de l'hiver; elles prenaient au dépourvu une classe ouvrière à qui une longue période de salaires constamment accrus avait donné des habitudes de luxe. Elles étaient préoccupantes, sinon inquiétantes.

Et quel argument formidable elles apportaient à la thèse, soutenue naguère en Italie, du « contrôle ouvrier »! Car les ouvriers victimes de la crise de sous-consommation pouvaient dire qu'ils faisaient les frais d'une politique industrielle sur laquelle ils n'avaient pas été consultés. Admis à connaître la marche de l'usine, ses disponibilités et ses possibilités, son organisation commerciale, ils auraient peut-être été d'avis d'imprimer une autre allure à la production, ils l'auraient peut-être orientée dans un sens moins dangereux. Ou bien, s'ils avaient été d'accord avec le patronat pour courir le risque, ils en partageraient maintenant avec lui la responsabilité. Dans l'état actuel ils sont en droit d'accuser de leurs maux ce que M. Noblemaire a nommé « le patronat de droit divin ».

Du moins c'est ainsi que nous voyions les choses en octobre 1920...

CHAPITRE VII

QU'AVONS-NOUS APPRIS? QU'AVONS-NOUS OUBLIÉ?

Nous avons essayé, en pleine guerre, d'analyser les causes de l'expansion économique allemande.

Parmi ces causes, il en était de naturelles : une population dense et rapidement croissante, une rare richesse en certaines matières premières indispensables à l'industrie moderne, une heureuse disposition des voies d'eau.

Mais il était d'autres causes encore, où intervenait la volonté humaine, la volonté collective — si même l'on pouvait considérer cette volonté comme absente lorsqu'il s'agissait du peuplement, ou encore lorsqu'il s'agissait des routes fluviales, lesquelles ne valent qu'à partir du jour où elles sont aménagées. A ne considérer que les forces strictement volontaires, il nous était apparu que ces forces étaient essentiellement des méthodes. C'est-à-dire que l'industrie allemande, intentionnellement, systématiquement, était équipée, dressée, organisée pour la conquête des marchés extérieurs.

Tout n'était pas à louer, tout n'était pas également sain dans ces méthodes, et par conséquent tout n'y était pas imitable. En certaines de leurs applications, quelques-unes n'entretenaient que de lointains rapports avec la simple honnêteté, avec la loyauté commerciale. Par leurs exagérations mêmes, par le fait qu'elles transformaient le commerce en un instrument de conquête, ces méthodes tendaient à instaurer entre les peuples un état de guerre économique : mauvaise condition, l'expérience ne l'a que trop démontré, pour réaliser la paix tout court. Mais aussi, dans ces méthodes allemandes, il en était de parfaitement respectables, que nous avions simplement le tort de ne pas appliquer de notre côté. Bien des fois, au lieu de nous plaindre de l'activité germanique, nous aurions fait sagement de l'imiter. Bien des fois, si nous étions évincés d'un marché extérieur par le commis-voyageur allemand, nous n'avions à nous en prendre qu'à nous-mêmes.

Ce n'est pas ici le moment de rechercher dans quelle mesure les Allemands, la crise passée, sont revenus à leurs méthodes d'avant-guerre — les bonnes et les pires. Si c'en était le lieu, nous pourrions, croyons-nous, démontrer que l'industrie allemande, dans des conditions singulièrement différentes et plus difficiles, reprend l'œuvre d'expansion interrompue en 1914.

Mais il est, pour nous, une question plus urgente : Dans quelle mesure avons-nous, Français, profité de la leçon des faits ? De nos erreurs, de nos faiblesses d'avant-guerre, qu'avons-nous oublié ? Des méthodes propres à aider à notre essor industriel et commercial, qu'avons-nous appris ?

Pendant la guerre, nos industriels et nos commerçants affirmaient volontiers que les temps étaient passés de la mesquinerie dans les conceptions, de la timidité dans l'action; passé également le temps de l'action isolée, et venue enfin l'heure des groupements, des grosses masses organisées. Il s'agissait, disait-on, d'infuser à l'industrie française l'esprit de guerre, cet esprit qui, malgré des difficultés inouïes, avait fini par nous donner la victoire.

Que reste-t-il aujourd'hui de ces beaux efforts?

I

Sur un point — point capital — il est visible que nous n'avons pas tiré, ou pas compris, les leçons de la guerre.

Les chiffres de notre natalité, un instant relevés au lendemain de la paix, mais bientôt retombés au niveau de 1913, crient assez haut que nous demeurons indifférents à la plus grave, à la plus tragique de ces leçons. Nous avons déjà oublié ce que nous enseignait l'exemple de l'Allemagne : à savoir qu'*avant de faire des produits, il faut faire des producteurs*. Disons, plus crûment : pour qu'il y ait une industrie française, et généralement une France, il importe qu'il existe des Français. Douloureuse, angoissante question, que nous effleurons seulement.

Sur d'autres points, il faudrait être le plus puéril des pessimistes pour nier certains progrès très réels.

L'industrie française a mieux compris qu'avant guerre les services que lui pouvait rendre la science. La création de sociétés comme la *Société de chimie industrielle* est, à cet égard, un symptôme des plus réjouissants. Que cette société ait réuni des hommes de laboratoire, même de simples économistes et des industriels, cela est un signe des temps. C'en est un autre qu'elle ait réussi à faire vivre une revue, *Chimie et industrie*, qui ne le cède en intérêt et même en somptueuse apparence à aucune des revues allemandes similaires, revue où les signatures des savants voisinent avec celles des directeurs d'usine. C'est un signe également qu'à l'instar des *Amis du Louvre* ou des *Amis du Muséum* on ait pu faire naître une *Société des Amis du Conservatoire national des Arts et Métiers*. Il s'est donc trouvé des métallurgistes, des constructeurs d'automobiles, des fabricants de produits chimiques, des filateurs, des banquiers, de gros négociants pour estimer que la formation des contremaîtres, des ouvriers qualifiés, des employés était un problème d'ordre scientifique. Plusieurs de ces grands patrons n'ont pas hésité, même quand leurs usines étaient loin de Paris, à sacrifier dix ou quinze journées du temps de leurs ouvriers pour les envoyer suivre les cours pratiques organisés par cet établissement. Il devient de plus en plus ce que la Convention nationale, en le créant, voulait qu'il fût : le premier de nos instituts populaires supérieurs d'enseignement technique.

D'une façon générale la cause de l'enseignement technique et de l'enseignement commercial est gagnée en France. Les instituts spéciaux de nos Universités ont de plus en plus la faveur des Chambres de commerce. Celle de Strasbourg, à peine rendue à la vie française, n'a-t-elle pas créé un Institut d'enseignement supérieur commercial, tandis que l'Université de Nancy multipliait et fortifiait ses Instituts industriels ? Les groupes régionaux des Chambres de commerce ont tout de suite pensé à créer, — par exemple le groupement de Caen — ou à développer ces Instituts.

La collaboration est donc mieux organisée entre l'usine et le laboratoire, mieux organisée et plus féconde. D'aucuns diront : trop féconde. Parce que ce développement des écoles où l'on forme les spécialistes a coïncidé avec une période de crise industrielle, on clame déjà que nous avons trop de chimistes, trop d'ingénieurs, trop d'électriciens. On a créé ainsi, nous dit-on, un véritable prolétariat de techniciens. Mais croit-on que l'Allemagne d'hier, dont on admirait l'outillage intellectuel, n'ait jamais connu pareille pléthore de spécialistes ? La pléthore actuelle est un phénomène temporaire, assurément douloureux pour ceux qui en sont momentanément les victimes. Mais vienne la reprise industrielle, nous n'aurons pas trop de chimistes, d'électriciens, ni trop de directeurs de la main-d'œuvre ou d'organisateurs commerciaux. Dès à présent, les jeunes gens en surnombre trouveraient à s'employer, et parfois avec profit, s'ils consentaient à s'expatrier. Nombreux sont les pays dont l'outillage est à faire ou à refaire et qui réclament le technicien français, comme le professeur français, comme le produit français.

Plus consciente de l'aide que peut lui apporter la science, notre industrie est devenue moins rebelle au groupement. Elle n'est pas, il faut le reconnaître et nous l'avons déjà laissé entendre, poussée dans cette direction par la législation. Sous prétexte de protéger le consommateur, ce qui est louable, des Chambres bien intentionnées, mais mal éclairées, ont trop souvent méconnu les conditions modernes de la production. Elles ont appliqué (en les aggravant) à des industries qui sont d'hier, des lois vieilles de plus de cent ans, et qui visaient le commerce des denrées alimentaires ou des objets de première nécessité. Sous prétexte que soustraire à la consommation des approvisionnements de légumes secs ou d'œufs conservés est un accaparement, une application judaïque des textes a fait traiter d'accapareurs des éditeurs qui ont en magasin, de tel ouvrage, plus d'exemplaires qu'on n'en « consommera » en trois mois. Surtout les lois nouvelles ont confondu l'accaparement, qui peut être le fait d'un seul, et la coalition, qui est nécessairement le fait de plusieurs, mais qui peut, suivant les cas, devenir une dangereuse entreprise d'accaparement ou une bienfaisante organisation de production et d'expansion.

Eux-mêmes, les industriels français, ont-ils toujours estimé à sa valeur la vertu du groupement? Lorsqu'une initiative ministérielle hardie leur a imposé le système des consortiums, très peu ont compris que cette organisation, indispensable pour gagner la guerre, aurait dû servir de cadre aux organismes du temps de paix. Au nom de théories économiques qui furent vraies en leur temps, beaucoup sont retombés dans leur farouche isolement. Cependant, la plupart des grands syndicats antérieurs à la guerre ont survécu, et sont devenus plus puissants. D'autres se sont créés. Pour régler la question des réparations, c'est-à-dire pour réaliser, par un appel au public, les ressources que l'Etat ne peut leur fournir que sous forme d'annuités, les industries sinistrées se sont groupées : groupement des houillères, groupements de la grosse et de la petite métallurgie, groupement des industries électriques, etc. D'autres groupements se sont formés pour gérer en commun d'anciennes entreprises allemandes séquestrées, notamment en Lorraine.

On a fait des progrès dans l'ordre de la concentration industrielle. Grâce à une disposition libérale de la loi sur les dommages de guerre, la grosse usine, dans les régions libérées, a souvent aggloméré une poussière de petites usines. Même dans le reste du territoire, les centrales électriques, les établissements métallurgiques, les usines de produits chimiques, engrais ou matières colorantes, ont pris une ampleur insoupçonnée. Là encore, les sceptiques, les broyeurs de noir trouvent à redire. Que faire, disent-ils, de ces immenses outillages qui ne travaillent pas, il s'en faut, à plein rendement? Et ils incriminent la loi sur les bénéfices de guerre qui a poussé les sociétés, pour dissimuler leurs profits, à immobiliser leurs réserves sous forme d'ateliers, de machines, de laboratoires d'essais. Contre eux j'estime que cette incidence de la loi fut bienfaisante. Quelles qu'aient été les intentions réelles des conseils d'administration, qu'ils aient ou non voulu frauder le fisc, ils ont ajouté des valeurs substantielles au capital national. Les rouages nouveaux peuvent être actuellement immobiles. Mais les débouchés se rouvriront, et vous verrez alors comme la machine tournera! Une usine nouvelle, une machine plus puissante, une organisation plus rationnelle de la production, ce sont là des richesses réelles, plus réelles que des millions et des milliards de francs-or. Les industriels qui ont créé ces richesses ont augmenté le potentiel du pays.

On l'a surtout augmenté en posant mieux deux gros problèmes, celui de la navigation intérieure et celui de l'énergie. En dépit de la doctrine scolastique et administrative, la guerre, en amenant l'encombrement de nos réseaux ferrés, nous a forcés à découvrir — ou à redécouvrir — nos fleuves et nos canaux. Les partisans les plus acharnés de la souveraineté exclusive du rail ont bien dû se rendre tout de même à cette évidence : Paris, en 1916-

1917, serait mort de faim si la Seine n'avait pas existé. Ici la leçon n'a pas été perdue : pour vous en convaincre, il suffit de vous placer en aval de la grande ville, sur quelqu'une des falaises qui dominent la belle rivière, et de nombrer les trains de chalands qui, sans arrêt, parfois même de nuit, montent, descendent entre Paris et Rouen. La Seine est redevenue ce qu'elle était au temps des nautes gallo-romains, puis aux temps des vieilles hanses, la grande transporteuse des produits lourds. Et déjà, entre Nantes et Angers, puis à Orléans, on s'essaie à rétablir le mouvement des « marchands fréquentant la rivière de Loire ».

Le problème de la navigation est apparu comme lié à celui de l'énergie. A cet égard, le Rhône, l'antique voie par où les civilisations méditerranéennes ont pénétré dans notre pays, le Rhône de Mistral, a pris la valeur d'un symbole. Lorsqu'une formule hardie, toute nouvelle dans notre droit public, formule « révolutionnaire » dans le meilleur sens du mot, a permis de constituer — cela est d'hier — la *Compagnie nationale du Rhône* en faisant appel aux départements, aux communes, aux établissements industriels — et non pas seulement à des riverains, mais à des bénéficiaires lointains comme la ville de Paris — on s'est placé à un double et même à un triple point de vue : navigation, énergie, irrigation agricole.

Et lorsqu'on décidait de passer à l'action sur le Haut-Rhône, déjà, dans la zone inférieure du fleuve, un prodigieux travail avait été entrepris. Ceux qui doutent de la vitalité française n'ont qu'à s'en aller à Marseille et à voir ce prodigieux tunnel du Rove, grand comme plusieurs Simplon, dans le sol duquel on creuse un canal. Quel malheur seulement de penser que les difficultés financières et l'habitude de recourir à des crédits annuels nous obligent à attendre des années encore l'heure où les chalands du Rhône arriveront directement dans les nouveaux bassins du port de Marseille, le jour où l'étang de Berre sera une annexe de notre grand établissement méditerranéen ! Dans cinq ans l'Allemagne vaincue, et dont on nous accuse d'exploiter la misère, aura joint par des voies intérieures à grande section le Main et le Neckar au Danube. Elle nous aura gagnés de vitesse. La jonction Marseille-Anvers, réalisée trop tard, n'aura pas le résultat décisif qu'elle aurait eu si elle avait été faite à son heure.

Dans la section Nord de cette future artère maîtresse de l'Europe occidentale, nous commençons à espérer que le règlement de délicates questions internationales permettra bientôt de commencer les travaux sur le Rhin, redevenu frontière de France[1]. Là encore, le problème se résoudra par une entente de toutes les collectivités intéressées, Alsace, Lorraine, mais aussi Comté et Bourgogne. Là aussi la question de l'énergie

1. Les dernières décisions de la Commission centrale du Rhin, ratifiées par les Chambres fédérales suisses, nous permettent d'entreprendre ces travaux sur le tronçon de Bâle à Kembs.

apparaît comme inséparable de celle de la navigation.

Partout on se met à l'œuvre pour parer à notre insuffisance en combustible en utilisant la force vive de nos fleuves. Les réseaux ferrés captent des chutes, celles de la Haute-Dordogne, celles des Pyrénées. Nos jeunes groupements économiques régionaux constituent, pour la distribution rationnelle du courant et la défense des consommateurs, des Offices régionaux de l'énergie. Même ceux qui n'ont pas chez eux de houille blanche étudient la création, sur le carreau de la mine de houille noire ou sur le gisement de lignite, de centrales d'électricité. Au lieu de transporter le charbon, ils transportent le courant.

A ces beaux travaux, dont l'avenir révélera toute l'importance, s'ajoutent les œuvres d'outre-mer. La guerre, qui fut un admirable professeur de géographie, ne nous a pas fait seulement découvrir nos rivières, mais aussi nos colonies. Là plus encore que dans la métropole s'affirme la puissance bienfaisante du groupement. Quelle nouveauté de voir nos compagnies de chemins de fer — toutes et le réseau d'État — s'unir pour acheter en commun les bois de nos Afriques équatoriale et occidentale, et les transporter sur des bateaux qu'elles affrètent en commun ! Nos cotonniers de Mulhouse et de Rouen comprennent que leur intérêt leur commande de travailler aux irrigations du Niger et du Cambodge, comme les Lyonnais collaborent au développement de la sériciculture tonkinoise. Sur tous ces points, quelle admirable leçon de choses nous offre, à cette heure même, l'Exposition coloniale de Marseille[1] !

II

On le voit : il serait souverainement injuste de dire que nos producteurs n'ont rien appris.

Mais il ne suffit pas de produire, il faut vendre.

Le monde traverse actuellement une crise, non pas de surproduction, mais de sous-consommation, ce qui au point de vue de notre exportation, revient au même.

Or quels étaient les reproches que l'on faisait, avant-guerre, à notre commerce d'exportation ? Il suffisait de parcourir les rapports, trop peu lus par les intéressés, de nos consuls et de nos attachés commerciaux, pour se persuader que ces reproches se ramenaient en réalité à un seul : l'industrie française, fière de son passé, attendait le client au lieu d'aller le chercher. Trop peu de voyages d'études et trop peu de représentation commerciale ; trop peu de connaissance directe des besoins, des goûts, des préjugés mêmes et des caprices, des capacités et des mœurs commerciales de nos diverses clientèles ; l'habitude d'imposer nos produits, nos méthodes d'expédition ou de paiement, notre langue, notre système de poids et mesures, notre monnaie, au lieu que l'Allemagne se faisait toute à tous : telles étaient les

1. Voy. sur ces questions un chapitre ultérieur.

principales causes de notre recul sur la plupart de nos anciens marchés.

Avons-nous changé ? Nous sommes-nous décidés à pratiquer des méthodes nouvelles ? Pour répondre à cette question, il faut refaire ce que nous faisions avant-guerre : feuilleter les excellentes publications que multiplie maintenant l'Office national du commerce extérieur[1] ; interroger nos consuls, dont l'attention se porte de plus en plus vers les questions économiques, nos attachés commerciaux, dont le nombre s'est acru et dont la compétence a grandi.

Eh bien ! quelle sera leur réponse ?

Voici d'abord une réponse d'ensemble qui nous arrive de Las Palmas, la capitale des Canaries. Après avoir énuméré tous les produits que la France pourrait et devrait vendre en ces « îles fortunées », le consul fait entendre ces paroles assaisonnées d'une acide ironie :

« On a, dit-il, imprimé que la guerre, qui a changé tant de choses en France, avait bousculé un certain nombre de méthodes, de coutumes commerciales reconnues archaïques. Des Canaries l'on ne s'en aperçoit guère, car si les produits de notre pays y sont appréciés, il est dificile de les rencontrer, exception faite de la parfumerie. »

Comment procèdent nos exportateurs, aux Canaries et même en certains autres lieux ? « Quelques commer-

1. *Dossiers commerciaux.* L'Office est installé 22, avenue Victor-Emmanuel III (8e).

çants français, désireux de vendre à l'étranger, écrivent à tous les Consuls, sans se préoccuper d'ailleurs de la latitude du pays de leur résidence », car pour ces commerçants l'essentiel est de *faire de l'exportation*, qu'il s'agisse de la Patagonie ou du Groenland, de l'Argentine ou du Japon. Que leur écrivent-ils ? « Ils leur demandent de leur chercher un agent ou représentant. Dès qu'ils sont en possession d'un nom et sans connaître les qualités commerciales de la personne, ils le chargent aussitôt de leur représentation exclusive. » C'est ce qu'ils appellent étudier un marché. « D'autres exportateurs font éditer à grands frais des prospectus ou catalogues et les envoient au hasard, à l'étranger. Comme ils sont rédigés en français et que, s'ils contiennent des prix, ce sont des francs, marchandise prise en magasin, bien peu sont lus... » La corbeille n'est-elle pas sous la table ?

Et notre consul de prodiguer les conseils, de rappeler que « ces procédés ne répondent plus aux besoins actuels », de répéter qu' « il faut, pour conquérir les marchés étrangers, se mettre au moins au niveau de nos concurrents qui, eux, se sont modernisés », d'apprendre à nos exportateurs que les Canaries ne sont pas loin de France, que « le climat y est agréable et la population des plus accueillantes », les hôtels convenables. Partez donc, Messieurs, pour Las Palmas ou Ténériffe, voyez les articles qui s'y vendent, procurez-vous des échantillons, entendez-vous avec les compagnies de transport, les acheteurs en gros, les banques, établissez vos prix franco-quai de débarquement, imprimez des catalogues en espagnol et en pesetas, et vous conquerrez ce marché : sinon, non.

Reviendrons-nous en Europe ? Pour beaucoup de commerçants français, les États scandinaves sont un bloc. Erreur grave. De Christiania, l'on nous signale le danger que présente, pour nos exportateurs, le choix d'un agent général « pour la Scandinavie ». Si vous voulez agir en Norvège, ayez un agent français ou, à son défaut, norvégien, domicilié en Norvège. Les Norvégiens ne veulent pas aller acheter les marchandises françaises à Copenhague. Et encore, si nous étions représentés suffisamment au Danemark ! Hélas ! « les voyageurs de commerce allemands parcourent le pays deux fois par an, apportent et présentent eux-mêmes leurs produits ; par contre on ne voit pas un seul voyageur français », nous ne vendons que par commisionnaires. Le résultat, c'est que « le voyageur allemand demande à ses clients ce qu'ils veulent, s'informe sur les modèles et formes qu'ils préfèrent ; le producteur français impose ses fabrications... » En ce pays où l'on nous aime, mais où la connaissance de notre langue n'est pas encore assez répandue[1], c'est en anglais qu'il faut écrire à nos clients, et c'est en danois qu'il faut faire de la publicité dans les journaux locaux. Le

1. Malgré les très beaux efforts, et qu'il faut encourager, de l'*Alliance française* de Copenhague.

marché danois recherche nos marchandises, d'autant plus qu'il se mêle, aux notions que l'on peut avoir sur la supériorité de nos produits, « une question de sentiment, de reconnaissance... » Mais c'est un avantage sans profit. Le profit, cependant, serait gros, en ce pays à change assez élevé. Et le correspondant de l'Office du commerce extérieur conclut par cette interrogation mélancolique : « Est-on, en France, disposé à tenter quelque chose pour ne pas abandonner aux Allemands une clientèle qui viendrait volontiers à nous ? » Nous ne savons pas, même après la victoire, monnayer nos sympathies.

Est-on disposé à faire quelque chose pour retenir une autre clientèle, celle du nouvel État libre d'Irlande ? Pendant la période de lutte, les Irlandais du *Sinn Fein* boycottaient les marchandises anglaises et s'adressaient à nous pour les remplacer. Les courants ainsi créés pourraient être maintenus. Mais il ne faudrait pas aborder imprudemment ce nouveau marché sans s'être renseigné auprès du Consul de France à Dublin. Faute d'avoir pris cette précaution, des représentants ont manqué d'importantes affaires en vêtements confectionnés pour dames. « Des maisons françaises ont beaucoup nui aux chances que leur donnaient la qualité de leurs produits et leurs prix en voulant imposer au commerce local des conditions de paiement qu'il n'acceptera jamais, et qui l'empêcheront de nouer avec nous les mêmes relations qu'il avait avant la guerre (et qu'il reprend activement) avec l'Allemagne. » Vouloir que les Irlandais paient leurs factures « avant que les marchandises aient quitté la France », c'est les traiter comme des pirates : on serait plus tendre pour des bolchéviks. « Or les bonnes maisons irlandaises, dont un grand nombre sont de premier ordre, ont l'habitude d'avoir un crédit de trente jours à partir de la réception, et elles ne changeront pas cette habitude. » C'est à prendre ou à laisser.

En Angleterre même, le taux de la livre nous favorise. Mais, écrit dans la revue *The Electrician* le directeur d'une grande société de Cardiff, « combien est grande l'activité que déploient les maisons suisses, allemandes, hollandaises, suédoises, norvégiennes et même autrichiennes, dans leur publicité d'abord, et aussi par leurs représentants en Angleterre, et combien rarement on y entend parler des maisons françaises ! » Pourtant l'électrotechnique est un de nos domaines et, disent nos amis d'outre-Manche, « nous accorderions un accueil chaleureux aux ingénieurs ainsi qu'aux produits de nos braves alliés ». Malheureusement nos constructeurs attendent que l'homme de Cardiff vienne voir chez eux leurs transformateurs et leurs lampes.

Pour atteindre les Dominions anglais, croit-on qu'il suffise d'avoir un agent général à Londres? Non pas; les Dominions ne sont pas des colonies, mais des nations-sœurs. Et si, en 1920, nous n'avons pas vendu à l'Afrique du sud pour un million 300.000 livres sterling, la faute en est à nous-mêmes. Comment croire qu'il soit nécessaire, en 1922, de ressasser ces vérités premières : l'Union sud-africaine « est un pays britannique avec lequel il est indispensable de correspondre en anglais, en établissant des catalogues et prospectus en anglais, et en calculant les prix, les poids, mesures, etc., d'après le système anglais » ; c'est un pays où la population rurale, ou *boer*, se sert encore du hollandais, d'où utilité de rédiger les catalogues de certains articles dans les deux langues, sans parler de quelques indications réservées aux Cafres, aux Hindous et autres ; un pays dont certaines parties sont des régions semi-tropicales « où les modes d'existence diffèrent des nôtres », où, par conséquent, les commerçants « doivent se plier aux habitudes du pays, s'adapter aux goûts de la clientèle, au lieu de chercher à obliger le client éventuel à modifier soudainement ses propres goûts en faveur des leurs ». Prétoria n'est pas Courcelles-Levallois ni même Pithiviers.

Nous envoyons en Afrique du Sud des revues commerciales que personne n'y lit. Il vaut mieux faire de la publicité sur place, dans les journaux, dans les annuaires, par des catalogues, avec des prix cotés *quai Durban*, coût, assurance, fret compris. Il faut des étiquettes que nos clients puissent lire. « Faute de nous plier à ces exigences, nous perdons un grand nombre d'affaires qui vont à nos concurrents. » Il faut des échantillons. Il faut surtout des voyageurs... des « voyageurs actifs et intelligents, parlant *bien*[1] l'anglais, connaissant parfaitement les articles qu'ils sont chargés de vendre... ; les Allemands, les Anglais, les Américains, les Japonais n'hésitent pas à venir solliciter les clients sur place, d'où leur succès ». Et « s'il était trop onéreux pour une seule maison » de faire toutes ces dépenses, plusieurs maisons pourraient « se grouper pour envoyer un voyageur à frais communs ».

Tout cela ne suffit pas. Ce que nos commerçants comprennent difficilement, c'est que surtout dans un pays éloigné, l'échantillon est encore peu de chose : « Il est à peu près indispensable d'avoir sous la main un petit stock pour satisfaire aux premiers besoins des clients... Un seul stock en main a certainement plus de valeur que ceux dont on ne dispose pas immédiatement, surtout lorsqu'il y a des concurrents sur la place. » On nous révèle, par exemple, que beaucoup de nos produits « sont introuvables, même dans les magasins français, alors que les produits similaires abondent dans les dépôts des maisons concurrentes », ce qui leur permet « de servir de suite les clients et de se les attacher pour l'avenir ». Pour les machines, par exemple pour les machines agricoles ou les automobiles, les dépôts doivent même être dirigés, dit notre consul général à Johannesburg, par « des hommes de la partie à même de monter et démonter »; de faire des

1. C'est le document qui souligne.

réparations, de fournir des pièces de rechange. Il ne suffit pas de croire « que nos articles *doivent* s'imposer du fait même de leur supériorité ». Il faut démontrer cette supériorité.

Même antienne en Australie. « Lorsqu'une maison anglaise ou américaine désire placer un nouveau produit à l'étranger, elle commence par faire de la réclame suivant les habitudes du pays qu'elle veut exploiter. N'oublions pas que dans certains pays, tels que l'Australie par exemple, la réclame joue un rôle capital ; les journaux n'ont pas 36 pages pour rien... » La réclame américaine et notre désintéressement nous avaient déjà presque fait perdre, avant la guerre, le marché australien des automobiles. Après l'armistice, nos constructeurs, « ayant toujours des vues trop courtes quant à l'exportation, certains ayant comme principe : *l'exportation, s'il en reste* », durent refuser les commandes. « Erreur lamentable ; ils oublient que l'essentiel est de se faire connaître... » Et cependant la *Fiat* arrivait : « Comment cette maison italienne fait-elle pour livrer alors que les nôtres ne peuvent ? » Comment « a-t-elle des agents de tout premier ordre ? » Les nôtres « prennent parfois un peu au hasard des agents qui n'ont pas l'envergure, les capitaux ni l'installation *ad hoc* ». Comment s'étonner après cela que « nombreuses soient nos marques, même importantes, qui sont à peine connues du grand public ? » Et pourtant le public australien « sait que nos voitures ont une réputation sans égale... Nombreux sont mes amis, poursuit notre attaché, qui demain vendraient leurs Buick, Studebaker et autres pour acheter une voiture française s'ils pouvaient s'en procurer. » Mais voilà ! ils ne peuvent pas !

En Australie comme à Cardiff, notre industrie électrotechnique trouverait un marché, si... si elle s'en donnait la peine ; « sans doute il faudrait commencer par ne pas envoyer dans les pays de langue anglaise des catalogues et désignations en français qui, je le sais par expérience, vont au panier. Pourrons-nous jamais convaincre les industriels français qu'en dehors de la France[1] l'on ne parle pas français ». Ces choses-là furent dites cent fois ; mais il paraît qu'il les faut redire, puisqu'on ne les écoute pas.

« Soignons aussi les emballages ! » Encore une recommandation maintes fois répétée fastidieusement, et toujours avec le même insuccès, hélas ! Il est encore des expéditeurs qui ficellent un colis pour Melbourne de la même façon que s'il allait à Orléans ou à Nancy. Ils n'ont donc jamais vu un port, jamais visité une cale de navire, jamais assisté à un transbordement ! Ils envoient en Australie des colis postaux « dans des boîtes en bois très mince, parfois sous cartonnage : elles arrivent écrasées, le contenu tout brisé, car tous ces colis sont mis en sacs et parfois ces sacs sont empilés

1. Formule trop générale en sa brutalité, mais juste dans l'ensemble.

par centaines les uns sur les autres ». Autant expédier des œufs dans un panier à salade, que l'on secoue à la volée.

Aussi l'Office, dans la série de petites notes qu'il multiplie sous ce titre : *Usages et procédés commerciaux à adopter et à écarter*, insiste-t-il vigoureusement sur cette question : « Nécessité de soigner les emballages des marchandises destinées à être embarquées en chemins de fer, transbordées sur les bateaux, manipulées un grand nombre de fois. » C'est pitié qu'on ait à redire ces choses élémentaires, avec une patience jamais désabusée.

Poursuivrons-nous le dépouillement de ces dossiers ? Dirons-nous qu'à Hong-Kong il convient d'assurer « la publicité d'une part, le passage de voyageurs et représentants d'autre part », si l'on veut « faire connaître nos produits et leur procurer des débouchés » ? Rappellerons-nous qu'en Égypte « il importe de livrer sans retard », d'envoyer aux représentants des « collections très complètes d'échantillons », d'offrir les mêmes conditions de livraison et de paiement que nos concurrents ? « Enfin n'imposons pas nos modèles, *soignons les emballages*, et n'écartons pas de parti pris les petites commandes. » Apprendrons-nous que Chypre réclame des factures en livres sterling, et, — encore ! — un « emballage soigné et très solide » ? Dirons-nous que « la plupart des industriels et négociants français qui entretenaient avant la guerre des relations d'affaires avec la Palestine, semblent ignorer à l'heure actuelle les récents accords franco-britanniques ». Par économie — une économie ruineuse — ils ont un seul agent pour la Palestine, mandat anglais, et pour la Syrie, mandat français, « ce qui constitue une incompréhension totale de leurs intérêts commerciaux ». Lisez les traités, Messieurs, et aussi les tarifs douaniers, et le cours des changes.

Mais que dire des pays qui entourent le Golfe Persique, et d'où nous arrive un vrai cri d'alarme ? « Autrefois les voiliers et les vapeurs français allaient dans les principaux ports du Golfe Percique ; mais malheureusement, depuis un quart de siècle, ils l'ont complètement abandonné au détriment de notre commerce et de notre prestige. » Or « d'innombrables produits français peuvent trouver un débouché facile en Perse, Mésopotamie, Arabie. Il suffit de s'en occuper ».

Il suffirait aussi de s'occuper, au Brésil, de nos produits pharmaceutiques et alimentaires, de nos vins, de nos autos et de nos pneumatiques, de nos modes, de nos appareils électriques. Mais « les commerçants français devraient cesser leur système d'affaires *par correspondance* ». Représentants et voyageurs, groupement de plusieurs maisons pour faire les frais de cette représentation en commun[1], organisation des banques fran-

1. Cette union, qui existe déjà parmi les fabricants français de produits pharmaceutiques, a donné, dans cette branche, les meilleurs résultats.

çaises en vue du commerce d'exportation, musées d'échantillons et de catalogues, les mêmes conseils reviennent toujours, avec la même désespérante monotonie.

Arrêtons-nous. Il ne servirait guère d'ajouter à ces exemples d'autres exemples. En voilà assez pour donner raison, tristement raison au consul de Las Palmas : « On a dit et imprimé que la guerre, qui a changé tant de choses en France, avait bousculé un certain nombre de méthodes, de coutumes commerciales reconnues archaïques. *Des Canaries on ne s'en aperçoit guère...* ». On ne s'en aperçoit guère de Sydney ou de Buenos-Ayres, ou d'Alexandrie, ni de Rio de Janeiro ou de Riga.

De Riga. J'y étais hier, et aussi à Reval. Je puis joindre mon témoignage tout frais à celui de nos attachés commerciaux. En ces pays de Lettonie et d'Esthonie où les sympathies françaises sont vives et parfois ardentes, où notre langue se répand[1], où notre influence intellectuelle apparaît comme un instrument de libération nationale, nous vendrions beaucoup, si nous voulions vendre. Notre chiffre d'affaires est infime, sur ces marchés qui seront demain les antichambres économiques de la Russie centrale et d'une partie de la Russie du Nord. Dès à présent, il y aurait là, pourtant, un débouché pour nos tracteurs dont la robuste peti-

1. Ici encore signalons le rôle si utile de l'*Alliance française*. Pas un de nos syndicats industriels, s'il comprenait ses intérêts, ne devrait hésiter à subventionner largement cette œuvre.

tesse est mieux adaptée aux conditions du sol et au nouveau régime agraire que l'énormité des tracteurs américains ou canadiens. En fait, les rares constructeurs français qui ont envoyé des tracteurs à Riga ou à Reval les y ont vendus. Mais il est vain de croire que l'on nous fera des commandes sur catalogues. On veut voir les machines, les regarder fonctionner, trouver sur place les pièces de rechange. On nous achèterait aussi des autos, si nous consentions à expédier quelques voitures propres à rouler sur les routes dures et très éprouvées de Livonie et Courlande.

Mais nous ne savons, là-bas, pas mieux acheter que vendre. Nous allons chercher à Hull ou à Liverpool, contre commissions en sterling, les lins lettons et esthoniens que nos gens d'Armentières trouveraient à Dunkerque, si Dunkerque envoyait des bateaux assez avant dans la Baltique. Des lignes régulières nous amèneraient les bois de Riga, en 1913 le premier port à bois du monde, et ceux de Reval, payables en roubles lettons et en marks esthoniens. Nous préférons débourser des couronnes scandinaves ou des dollars canadiens, et payer trois sous notre journal du matin. Nous commençons seulement à comprendre qu'en ces pays d'économie transformée le commerce doit s'appuyer sur la banque. Nous avons enfin ouvert dans chacune des deux nouvelles capitales baltiques une agence de la Banque du Commerce extérieur, et depuis quelques mois fonctionne à Reval une banque franco-esthonienne. Les résultats de cette modeste création ne se font pas attendre, puisque déjà nous prenons place dans une grosse affaire de schistes. Mais ces insuffisantes tentatives ne font que souligner notre mollesse, en ces pays et ailleurs.

Faudra-t-il, comme je me le suis déjà demandé ici-même, écrire un livre sur les *Méthodes françaises d'apathie économique?* Et les pages qu'on vient de lire formeraient-elles le premier chapitre de ce livre?

Soyons justes. Dans l'ordre de la production, nous avons commencé à profiter des leçons de la guerre. Mais, dans l'ordre de l'expansion, malgré toutes les facilités mises à la disposition de notre commerce par nos ministères, par nos offices de renseignements, par nos représentants diplomatiques et consulaires, par nos attachés commerciaux, nous avons trop peu appris, et pas assez oublié.

CHAPITRE VIII

UN PROGRAMME COLONIAL

Les esprits chagrins — louangeurs du temps passé — disent parfois : « Chacun de nos régimes, au cours de l'histoire de France, a laissé derrière soi quelque grande œuvre. Colbert et son roi unirent les deux mers, et la monarchie finissante vit ébaucher l'admirable travail du corps des Ponts et Chaussées. Après la Révolution créatrice, qui sema dans l'orage, Napoléon fut le grand ouvreur des voies, l'auteur du Cenis et du Simplon. Même la bourgeoisie philippiste, héritière involontaire de la pensée saint-simonienne, inaugura les chemins de fer. Le second Empire, qui les acheva, eut Suez. La troisième République, absorbée par les luttes stériles de la politique, n'a même pas su nous garder Panama. »

I

La troisième République — en admettant que nous soyons entrés dans la Quatrième — peut s'enorgueillir d'une œuvre qui ne le cède à aucune de celles que nous venons de rappeler. Elle a rendu à la France un empire. Dix millions de kilomètres carrés, plus de 50 millions d'hommes ajoutés à notre vieux pays, et le plus gros de cet effort réalisé depuis cinquante ans, c'est de quoi, semble-t-il, faire assez bonne figure dans l'histoire.

Là-dessus, le chœur des dénigreurs reprend son aigre chanson : « A quoi bon ces millions et ces millions d'hectares où le coq gaulois ne trouve à gratter que du sable ? A quoi bon ces millions de noirs, de jaunes ou de cuivrés, s'ils ne représentent pas une valeur économique ? » Il est donc nécessaire de leur rappeler, s'ils l'oublient, ou de leur apprendre, s'ils l'ignorent, que dès 1919 notre domaine colonial importait pour plus de 3 milliards et exportait pour près de 4. Ce ne sont point là des bagatelles.

« D'accord, dira-t-on, mais quelle est, là dedans, la part de la France ? » Et tel romancier, qui se pique de sociologie, décorant de statistiques et de bibliographie une très banale histoire de dactylographie amoureuse, n'hésite pas à écrire, en une page qu'il dit traduite de l'allemand[1] : « On se demande à quoi leur servent [aux

1. Paul Reboux, *Les Drapeaux*, t. II, p. 15. Il est vrai que le même romancier écrit (t. I, p. 195) : « La Bourgogne, d'où vient notre vin si français, fut conquise en six semaines, au milieu du XVIIe siècle », confondant Duché et Comté. P. 196 : « l'Alsace, *autrichienne* pendant sept siècles et demi », ce qui est tout de même un peu sommaire. Quand je lis (*ibid.*, p. 251) : « La République argentine ne veut rien avoir de commun avec le Portugal, ni le Brésil avec l'Espagne », j'aime à croire à un simple lapsus. — Ce qu'il y a de grave en cette affaire, c'est que, toutes les statistiques plaquées sur ce livre n'étant

Français] leurs colonies, quand on pense que les importations françaises en Algérie sont inférieures à celles qu'y font les pays étrangers... » Révélons donc à notre romancier ce mirifique secret : à savoir qu'en 1913 *quatre-vingt-deux pour cent* des importations algériennes (lisez bien : 82 p. 100) venaient de France. De bons esprits pourront trouver que, pour l'avenir même de notre colonie, c'est un peu trop. Il faut être un romancier documentaire pour estimer que cela n'est pas assez, et pour ne point savoir que l'Algérie d'avant-guerre se classait *au cinquième rang* des pays avec lesquels trafiquait la France, après la Grande-Bretagne, l'Empire allemand, la Belgique et les États-Unis, mais — avec un chiffre de transactions franco-algériennes montant à 900 millions — *avant* la Suisse et l'Italie. Cela pour la seule Algérie. Pour l'ensemble de nos colonies, c'est à près de 2 milliards qu'il fallait évaluer l'ensemble de leur commerce avec la métropole. Une bagatelle, vous dis-je... Importations des colonies en France : 797 millions; exportations de la France vers nos colonies : 895 millions en 1913.

Tout cela, les spécialistes étaient à peu près seuls à le savoir. Mais la guerre, qui a fait faire aux Français tant de découvertes géographiques, leur a révélé l'exis-

pas fausses ni toutes ses thèses inutiles, cela impressionne, la réclame aidant, la masse moutonnière des lecteurs. — Voy., ch. xxv, comment se documente un romancier qui se veut frotter d'économie politique. On envoie une dactylo dans une bibliothèque ; « Le lendemain matin, en arrivant, elle déposa devant Réal, sans un mot, un paquet de feuilles... » Et voilà qui est fait.

tence de leurs colonies. Lorsqu'on apprit que nos colonies nous avaient fourni pas loin d'un million de soldats ou de travailleurs, il devint difficile de croire qu'elles n'étaient que des déserts, où quelques milliers de malheureux nègres vivaient courbés sous la matraque de quelques centaines de fonctionnaires plus ou moins véreux. Et quand on sut que ces mêmes colonies (Afrique du Nord non comprise) nous avaient fourni deux millions et demi de tonnes de marchandises — en dépit d'une organisation défectueuse des transports — les plus aveugles cessèrent de se persuader qu'il ne poussait aux colonies que des plantes d'agrément, des liqueurs fortes, des croix d'honneur, des galons et des casquettes d'administrateurs.

Mais les esprits sérieux firent d'autres découvertes, et moins réjouissantes. Si d'importants travaux ont été réalisés, en un demi-siècle, dans notre domaine colonial, il apparaît bien que ces travaux ont été entrepris un peu au hasard, sans programme d'ensemble. C'est tel administrateur, esprit génial ou simple brouillon, qui conçut un beau jour telle voie ferrée, ou essaya telle culture. Et comme l'instabilité fut généralement le destin de nos administrateurs d'outre-mer, un nouveau gouverneur — par jalousie de son prédécesseur, pour faire mieux, ou simplement parce qu'il avait des idées différentes — arrêtait les entreprises en cours, en modifiait la direction, ou y substituait des entreprises nouvelles — jusqu'au jour où il était remplacé à son tour...

Le ministre des Colonies essayait bien de mettre un peu d'ordre en ces fantaisies. Le contrôle parlementaire s'exerçait à l'occasion, mais surtout pour empêcher ou tout au moins pour retarder, même lorsqu'il s'agissait d'œuvres utiles et urgentes. Administrer les colonies du bout du fil est une méthode déplorable, qui mène aux pires erreurs et tue les initiatives. Installer l'organe transmetteur dans une assemblée parlementaire, cela est pire encore. De toutes façons d'ailleurs, les administrations coloniales ne pouvaient concevoir et les pouvoirs centraux ne concevaient en réalité les entreprises que dans le cadre spécial à une colonie ou, dans le cas déjà plus favorisé de l'Indochine, à un groupe de colonies. Mais jamais on ne se posait de problèmes généraux relatifs à l'ensemble de notre domaine colonial, encore moins à la place de ce domaine dans cet ensemble plus vaste que les nouvelles Frances forment avec la vieille.

Pour la première fois nous avons trouvé cette vue d'ensemble dans un document gouvernemental : l'exposé des motifs du « projet de loi portant fixation d'un programme général de mise en valeur des colonies françaises »[1], présenté en avril 1921 par un ministre des Colonies qui a l'expérience de l'administration coloniale, M. Albert Sarraut. Je ne sais si les parlementaires ont

1. Chambre des députés, n° 2449. Annexe au procès-verbal de la séance du 12 avril 1921, 367 p., 6 cartes en couleur. M. Sarraut vient de donner de son travail une édition plus accessible au grand public.

lu ou liront ces 367 pages. Pour les simples travailleurs c'est une bonne fortune de mettre la main sur des documents parlementaires de cet ordre, munis de statistiques et de cartes. Si nos gouvernants persistent dans cette voie, la lecture des annexes du *Journal Officiel* deviendra bientôt aussi intéressante que celle des *Census* américains ou des *Rapports financiers* du Japon. Le ministre ne pouvait malheureusement s'occuper que des dépendances qui relèvent de son ministère, c'est à savoir nos colonies *moins* l'Afrique du Nord. Cette réserve faite, ce rapport est un remarquable exposé d'une part considérable du problème colonial français et, pour la première fois[1], un essai de programme intégral, mûrement élaboré, largement conçu, envisageant « la tâche d'une période étendue et capable de satisfaire les intérêts solidaires de la Mère-Patrie et de ses colonies »[2].

1. Il est juste cependant de rappeler (comme il est dit p. 3) que ce programme reprend « les données essentielles d'un plan d'outillage économique dressé en 1918, sous la direction de M. le ministre Henry Simon ».

2. Assurément, si c'était ici le lieu de faire de la critique littéraire, nous pourrions sourire de certaines grandiloquences de la prose ministérielle, surtout en ses soixante premières pages. On y apprend avec plaisir que la France voit en ses protégés « des âmes et non des troupeaux d'ergastule ». En ces pages officielles un tribunal s'appelle noblement « un prétoire ». En ces pages, l'Administration s'écrie : « Nous, paternellement, nous savons, contre notre poitrine, appuyer avec douceur l'humble visage du frère noir ou jaune, qui entend les pulsations de notre cœur battre à l'unisson du sien ». Admirable programme pour le prochain concours de sculpture de l'École des Beaux-Arts : projet de monument à élever sur une place de Dakar ou de Hanoï ! Heureusement, les effusions font bientôt place à la sobre rigueur du style administratif.

II

Un programme, mais d'abord un inventaire.

M. Sarraut explique fort bien que la position même du problème de l'économie coloniale a complètement changé depuis la fin du siècle dernier. Les colonies étaient jadis considérées surtout comme des débouchés pour les produits de la métropole. Mais en raison de l'industrialisation croissante du monde moderne, la question capitale qui se pose aujourd'hui pour toutes les nations productrices, c'est celle du ravitaillement en matières premières. Entendez cette expression en un sens très large : à la fois les denrées alimentaires, matières premières de la mécanique humaine, et les produits minéraux et végétaux, nourriture de nos machines.

La guerre, en épuisant les stocks et en laissant derrière soi un immense et universel besoin de reconstruction, a posé et pose encore ce problème avec une singulière acuité. Il ne s'agit plus de savoir si l'on est, en théorie, partisan ou adversaire de ce qu'une langue ultra-moderne appelle *l'autarkie*[1] économique, c'est-à-dire de la doctrine en vertu de laquelle tout État doit pouvoir, tout seul, se suffire à soi-même. Non, il s'agit d'un fait : Les peuples qui ont une industrie textile,

1. Et non, comme on l'imprime journellement : *autarchie*, qui aurait un tout autre sens, celui d'absolutisme.

avec des centaines de milliers d'ouvriers, les peuples qui ont une industrie automobile, une aviation, une marine, risquent à tout moment d'être affamés par les seigneurs du coton ou les rois du pétrole. Toutes les tentatives faites durant la guerre, ou depuis, pour organiser d'une façon durable la mise en commun ou l'équitable répartition des matières premières, toutes ces tentatives ont échoué devant l'égoïsme des détenteurs de ces matières[1]. On a bien vu certains États protester contre l'établissement d'un monopole sur certaines matières premières, ou contre les atteintes portées, par un monopole rival, au droit qu'ils s'étaient arrogé sur ces matières; mais ceux-là même qui revendiquent la libre concurrence pour les pétroles conservent jalousement leur monopole du coton ou du cuivre. A tout instant, en pleine paix — soit pour favoriser leurs industries nationales, soit pour exercer sur d'autres États une pression politique — ces privilégiés de la nature sont en situation d'employer à l'égard des nations moins bien pourvues l'arme terrible du blocus économique, cette arme en qui les théoriciens de la paix voient la suprême mesure de coercition, succédané de la guerre. L'indépendance économique, c'est-à-dire la possibilité de fournir du travail et du pain à nos masses ouvrières, et l'indépendance tout court sont donc liées indissolublement à la

1. J'ai repris ce sujet, plus à fond, dans un article *Matières premières et colonies* de *la Revue des coloniaux*, n°s 2-3, février-mars 1922. J'y ai étudié, notamment, le rapport présenté par M. Gini, en décembre 1921, à la Société des Nations.

possession des matières premières. De là le précieux avantage de pouvoir recueillir ces matières sur des territoires où flotte notre pavillon.

Il en est temporairement un autre, qui tient à l'état de nos changes. Que, dans la période quinquennale 1913-1917, les importations originaires de nos colonies aient pu ne représenter en moyenne que moins de 8 p. 100 du total des importations françaises (commerce spécial)[1], c'est un fait dont nos économistes seraient impardonnables de prendre leur parti. Car nos importations étrangères de matières ou de denrées, provenant en général de pays à change élevé, sont soumises à une majoration qui est encore de plus de 200 p. 100 sur les prix exprimés en monnaie au pair. Admettons, comme il faut l'admettre, que les prix du coton français, du caoutchouc français, des oléagineux français, si on les exprimait en francs, se relèveraient nécessairement pour tenir compte de la parité réelle du franc et du dollar et pour se mettre en équilibre avec les prix du marché mondial, il n'en reste pas moins que nos achats de coton au Texas, de blé ou de laine en Argentine ou en Australie se traduisent par des sorties d'or, ou de devises, c'est-à-dire par un nouvel avilissement de notre change, tandis que les mêmes achats, pratiqués à Dakar ou à Alger, se solderaient en francs.

Il importe de faire subir à cette formule, que l'ex-

1. En 1921 on atteint 8,29. Nos ventes aux colonies représentent 10,66 p. 100 de nos exportations.

posé des motifs du projet ministériel présente comme absolue (p. 22), une correction importante[1]. Par suite de l'organisation monétaire de l'Indochine, nos achats de coton cambodgien, de maïs annamite, de riz cochinchinois se font en piastres et influent sur le cours de la piastre[2]. Du moins les bénéfices réalisés par les producteurs indochinois, en raison de la hausse de la piastre, sont-ils investis en Indochine, c'est-à-dire dans une terre qui est nôtre, où nous possédons par ailleurs des intérêts multiples et dont nous avons tout avantage à perfectionner l'outillage. Tandis que les bénéfices réalisés par l'exportateur ou le banquier argentin sont totalement perdus pour nous. Ils ne serviront même pas, nécessairement, à rendre l'acheteur argentin plus capable d'acquérir des produits français : il les emploiera tout aussi bien en produits américains ou allemands.

Même en tenant compte de l'exception indochinoise, il est donc juste de conclure avec le document ministériel : « Plus grande sera la proportion des importations coloniales dans l'ensemble de nos importations, moindres seront les paiements que nous aurons à effectuer à l'étranger, et plus rapidement sera rétablie notre balance commerciale et assainie notre monnaie nationale ».

S'il en est ainsi, un inventaire de notre domaine

1. La correction est d'ailleurs faite plus loin, dans le chapitre du rapport relatif à l'Indochine.

2. Ce cours, après avoir atteint celui du dollar, s'est rapproché ensuite de la parité nominale. Il la dépasse de nouveau.

colonial doit nous dire, matière par matière, ce que ce domaine nous fournit en réalité et ce qu'il pourrait nous fournir, en qualité et en quantité. C'est seulement après avoir dressé cet inventaire que nous pourrons mesurer l'ampleur de l'effort à faire pour l'aménagement et l'outillage de ce domaine.

Patiemment, avec une précision qui n'avait jamais été obtenue, le ministre passe donc en revue chacune des matières ou denrées que nos colonies seraient aptes à importer chez nous. Pour chacune, il nous donne quatre chiffres essentiels : l'importation étrangère, en poids et valeur, pour 1913 et 1919; l'importation coloniale, aussi en poids et en valeur, pour les mêmes dates [1]. La comparaison entre ces quatre chiffres est des plus suggestives et parfois des plus troublantes.

Nous ne pouvons refaire, en quelques pages, cette minutieuse analyse. Insistons seulement, à titre d'exemple, sur quelques produits. Au premier rang, le coton. Sur près de 330.000 tonnes de la précieuse fibre que nous importions en 1913, sait-on quelle était la part de notre domaine? 7.635 quintaux ! *Pas un millier de tonnes!* En 1919, l'importatiou totale ayant baissé jusqu'à 218.500 tonnes, la part des colonies s'est un peu relevée, à 1.640 tonnes; quantité infime, qui est loin même de correspondre à la production actuelle de nos colonies, laquelle doit osciller entre 10 ou

1 Tableaux complétés par l'énonciation du total, également en quintaux et en francs.

12.000 tonnes. On aura une idée, de l'importance du problème en sachant que notre importation de coton représentait en valeur, avant guerre, 577 millions de francs, et qu'aux prix de 1919, une importation réduite faisait sortir de chez nous pas loin d'*un milliard et demi !* Près des neuf dixièmes de ces sommes étaient payés à un seul et unique fournisseur, les Etats-Unis.

Or, que peut donner la culture cotonnière dans nos colonies ?

L'Afrique du Nord, en dépit de tous les efforts, ne paraît pas pouvoir dépasser 2.500 tonnes. Mais deux pays semblent susceptibles de nous ravitailler : le Cambodge, le Soudan. Au Cambodge, où l'on récolte dès à présent 5 à 6.000 tonnes de coton brut (7 à 8 pour l'ensemble de l'Indochine), le problème est virtuellement résolu. A côté de la culture indigène, pratiquée sur les terres inondées des berges fluviales ou lacustres, apparaît la culture d'avenir, celle des vastes plantations à capitaux européens, la culture des « terres rouges » qui fournissent un coton à longue soie, analogue aux qualités américaines les plus employées par nos usines [1]. Les 18.000 hectares concédés au Comptoir cotonnier de Paris, un nouveau projet portant sur 64.000 hectares, vont permettre d'entrer dans l'ère des réalisations et

1. C'est de ce coton cambodgien qu'une mission anglo-indienne disait récemment : « Qualité excellente, pas de meilleure dans l'Inde. » Il a d'ailleurs été, dès 1907, introduit à Madras pour lutter contre le *good middling* américain. L'exposition coloniale de Marseille (pavillons de l'Indochine et de l'Afrique occidentale) fut, en ce qui concerne nos possibilités cotonnières, une admirable leçon de choses.

de fournir de la matière aux nouvelles usines d'égrenage. En somme, on trouve au Cambodge une qualité acclimatée et une superficie cultivable de 2 à 3 millions d'hectares. Or, il suffirait d'en mettre 800 à un million en valeur « *pour fournir le coton nécessaire à la France* ». Seulement, deux problèmes au moins se posent : un problème, que l'administration commence à résoudre, de voies de communications ; un problème de main-d'œuvre. Sera-t-elle chinoise, hindoue, malaise !

Au Soudan, comme jadis au Sénégal [1], l'erreur a été de croire à la culture indigène, arrosée par les pluies, et avec des variétés américaines. Il faut s'inspirer des méthodes qu'après les ingénieurs français et Jumel les Anglais ont appliquées au Nil ; la formule du coton soudanais, du coton nigérien, c'est « la culture intensive à l'aide de l'irrigation », et les variétés égyptiennes. L'Association cotonnière coloniale, après des années d'efforts infructueux, a eu le sens de cette formule dès 1913 ; les missions Younès et Belime [2] en ont établi le bien fondé. Mais là encore, il faut la collaboration de l'administration et des intéressés. A l'une les travaux d'hydraulique agricole, les recherches expérimentales, les voies de communication ; aux autres, à la Compagnie de culture cotonnière du Niger par exemple, les plantations. « Si l'on consacrait à ces travaux la dixième

1. Voyez la très intéressante étude de M. Georges Hardy, *La mise en valeur du Sénégal de 1817 à 1854*, 1921.

2. Voyez Belime, *Les irrigations du Niger moyen*, 1921.

partie seulement de nos pertes sur le coton, on recouvrerait la dépense et on allégerait notre balance commerciale d'une charge d'un milliard et demi de francs en l'espace de cinq à six ans. »

Quand donc notre ministère des Finances et notre Parlement comprendront-ils qu'il est des dépenses productives? Avec des millions judicieusement sacrifiés, et qui semblent grever le budget de l'État, on économiserait à la nation des milliards. Quand donc aussi nos industriels comprendront-ils qu'ils doivent organiser entre eux, collectivement, leur ravitaillement en matières premières? En créant pendant la guerre le consortium cotonnier, un ministre du Commerce dont on apprécie tardivement la clairvoyance leur indiquait la route à suivre; et c'est la caisse de ce consortium qui, par une subvention double de celle de l'administration locale, a permis de mettre en train un travail dont tous les cotonniers français recueilleront le bénéfice. Mais au lieu de conserver cet instrument, qui aurait pu jouer le même rôle que le groupement des réseaux ferrés joue pour les bois coloniaux, on a préféré crier à l'étatisme, et réclamer la liquidation des organismes de guerre.

La solution du problème cotonnier est donc entre nos mains[1]. Si l'on voulait examiner d'après les mêmes

1. La baisse des cours en 1920 a eu pour résultat la restriction de l'aire cotonnière aux Etats-Unis, et la réduction de la récolte mondiale. Il devient de plus en plus nécessaire d'acquérir pour nos usines une production autonome de la matière. N'oublions pas que la *British*

méthodes celui du caoutchouc, on constaterait qu'en 1913 nos colonies ne nous en fournissaient que pour moins de 20 millions de francs, contre plus de 100 demandés à autrui ; en 1919, c'était 40 1/2 contre 203. Mais des progrès ont été réalisés qui permettent d'affirmer, dans nos colonies comme dans l'ensemble du monde, la supériorité croissante du caoutchouc de plantation sur le caoutchouc de cueillette. L'Indochine, qui suit l'exemple désormais fameux de Ceylan, de l'Inde et de la Malaisie, a vu sa production, de 3.170 tonnes en 1910, passer à 4.300 en 1920. On l'évalue à 5.635 en 1921, à 7.852 pour 1922. Si l'on ajoute à ces produits de plantation les caoutchoucs sylvestres des autres colonies (Afrique occidentale, Afrique équatoriale, Madagascar), on peut espérer atteindre en quelques années le chiffre de 12.000 tonnes, double de notre consommation de 1913, mais inférieur à nos besoins actuels (30.000 t. en 1919). Il n'y a aucune exagération à croire que l'on pourrait réduire à 6 ou 7.000 tonnes l'apport du caoutchouc brésilien, et à une masse égale celui des plantations étrangères. Momentanément il est vrai, le mouvement est contrarié par la baisse des prix, et il a été retardé pour le caoutchouc

cotton growing association, au capital d'environ 500.000 livres sterling, a reçu un million de livres de subvention sur les fonds provenant de la liquidation des opérations gouvernementales de vente des cotons égyptiens pendant la guerre. L'Angleterre n'a pas plus craint de se faire marchande de coton que marchande de laine. Voy., dans la collection Carnegie, *The cotton control board* de Hubert D. Henderson, Oxford, 1922.

indochinois, de même que pour le coton de même origine, par la hausse de la piastre. Cette dernière cause agit de plus en plus faiblement.

Il faudrait, à la suite du ministère des Colonies, passer en revue de la même façon le riz (en 1913, les colonies fournissent les quatre cinquièmes de nos achats, en 1920 moins de la moitié, quand nous possédons le second port exportateur de riz du monde !), le manioc, le maïs, le thé (2.784 quintaux sur un total de plus de 20.000), le café, le cacao (moins de 14 millions de francs sur un total de près de 200), pour lequel le Togo et le Cameroun vont grossir nos disponibilités[1] ; le sucre, le tabac, les viandes. Ce problème du bétail, et de la viande conservée et frigorifiée, est magistralement exposé. N'oublions pas qu'en six ans nos importations totales de viandes ont décuplé en poids, presque vingtuplé en valeur, et que la plus forte part des 750 millions dépensés en 1915 est allée dans l'Amérique du Sud.

Question aussi des laines, surtout de la soie. La concurrence que nous font et que se font sur les marchés chinois les acheteurs américains et japonais pourrait devenir mortelle à la plus prospère de nos industries de luxe, si la Fabrique lyonnaise et le Gouvernement général de l'Indochine ne se mettaient d'accord — heu-

1. Depuis la publication du rapport Sarraut on peut dire que la géographie du cacao a été complètement bouleversée par l'essor de cette culture dans tous les pays riverains du Golfe de Guinée. Le cacao devient un arbuste surtout africain.

reusement cet accord s'est réalisé en 1920 — pour organiser la sériciculture et même la filature dans nos possessions d'Extrême-Orient. Élever en dix ans de 150.000 à 900.000 kilogrammes la production des soies grèges indochinoises, étendre la culture du mûrier de 8.000 hectares sur 36.000, distribuer aux éleveurs indigènes 72 millions de pontes au lieu d'un million et demi, créer des grainages et des magnaneries, faire passer, toujours en dix ans, le nombre des bassines perfectionnées de la centaine à huit mille : tel est le vaste programme que va réaliser, en commençant par la Cochinchine et le Cambodge, le Syndicat d'études des soies coloniales.

Il faudrait parler des matières tannantes, des cuirs et peaux, des bois — pendant la guerre, l'Aéronautique achetait en Amérique de l'acajou provenant de notre Côte-d'Ivoire — et de la cellulose. A côté de l'alfa nord-africain, la première place sera prise par les pâtes de bambou de la Société des papeteries d'Indochine; maintenant qu'elle peut tirer sa soude et son chlorure de chaux d'une usine de Haïphong, elle va envisager l'exportation vers la métropole. Que dire des oléagineux, que nous demandions pour 66 p. 100 à l'étranger en 1913, et encore pour 50 p. 100 en 1919, tandis que nous pourrions trouver presque tout chez nous? « Pour les graines oléagineuses, il n'y a qu'à vouloir, il n'y a qu'à se baisser et ramasser. »

III

Épargnons le lecteur. Sa conviction doit être faite.

Mais comment se fait-il, si nos colonies récèlent tant de richesses, que nous en tirions encore si peu de matières et de denrées? Le chiffre que nous avons cité : 7,99 p. 100 seulement d'importations coloniales dans le total des importations françaises (10 p. 100 en 1920), est tout à fait insuffisant. Et si précieux qu'ait été le « concours colonial » pendant la guerre et pour la guerre, « on ne peut s'empêcher de réfléchir — avec autant de regrets que de remords — à ce qu'eût pu être la valeur largement amplifiée de ce concours, si la métropole, avant la guerre, avait consacré à l'aménagement préalable et à l'exploitation plus active de son patrimoine extérieur la moitié seulement des milliards qu'elle a fournis à la mise en valeur de pays étrangers ».

Mettre en valeur : c'est une obligation à laquelle nous ne saurions nous soustraire dans les territoires ex-allemands (Togo, partie du Cameroun, cessions congolaises de 1911)[1], où nous sommes les mandataires de la Société des Nations. L'esprit de l'article 22 du Pacte, c'est bien que les puissances mandataires doivent jus-

1. Du moins semble-t-il que ces derniers territoires, devenus juridiquement allemands par l'exécrable traité de 1911, ne sont pas redevenus purement français en 1918, mais font partie de notre mandat général sur le Cameroun.

tifier leur mandat en faisant entrer les territoires dont elles ont la charge dans le courant général de la civilisation. Un État mandataire qui laisserait ses territoires en friche s'exposerait certainement à recevoir à Genève des observations désagréables. Même, par un des paradoxes les plus piquants de l'heure actuelle, celui des associés qui a refusé de signer le Pacte n'entend pas moins se réserver le bénéfice d'une interprétation très large de l'article 22. A ses yeux comme aux yeux de nos co-signataires, nous sommes au Togo et au Cameroun pour accroître le capital-nature de l'humanité. Et ne nous y trompons point : la doctrine que la Société applique explicitement aux territoires sous mandat, les puissances entendent bien l'appliquer, en fait, à toutes les colonies. Gare aux nations colonisatrices qui négligeront le rendement de leurs colonies !

Ce qui s'impose, c'est un programme de mise en valeur de *toutes* nos colonies. Ce qui a nui à nos colonies, nous l'indiquions en commençant, c'est que trop souvent les programmes locaux ont été établis sans considération de l'ensemble. Trop de gouverneurs zélés, depuis la Restauration jusqu'à nos jours, ont considéré la colonie qui leur était confiée comme un tout en soi, complètement indépendant, et où il s'agissait de faire réussir le plus grand nombre possible de cultures. Or, on « réussit » toujours ce genre d'expériences. Il n'est pour ainsi dire pas de terre tropicale ou subtropicale où, avec de l'ingéniosité et de la patience, un administrateur avisé ne puisse obtenir du coton ou du café, de l'indigo ou du caoutchouc. Admirables matières à mettre en des bocaux, sur les étagères et dans les vitrines d'une exposition. Mais l'histoire de ces « réussites » fut souvent l'histoire de nos échecs[2]. Car la possibilité biologique d'une culture est une chose ; la possibilité, l'utilité économiques sont des valeurs toutes différentes.

Il convient désormais de renoncer aux échantillonnages coûteux et souvent stériles de ce que l'exposé de M. A. Sarraut nomme joliment « la colonisation en jardinets ». A ces improvisations, on veut substituer une discipline, une sorte de hiérarchie, une division économique du travail. On concentrera donc, dans telle colonie, selon ses aptitudes, tels ou tels genres de production. A l'Afrique occidentale les oléagineux, les bois, le coton, le cacao ; à l'Afrique équatoriale les oléagineux encore et surtout les bois ; à l'Indochine le coton, le caoutchouc, les soies, les minerais ; à Madagascar les viandes conservées ou frigorifiées, les sucres, le café, les minerais.

Si séduisantes que soient ces formules, ne nous en dissimulons pas les dangers. A les pousser à l'extrême, on arriverait à ressusciter le système Van den Bosch ; on exposerait certaines colonies au péril de la mono-

1. Voy. l'excellent livre déjà cité de Georges Hardy, *La mise en valeur du Sénégal de 1817 à 1854* (Paris 1921). « Les archives coloniales, dit M. Sarraut, sont des cimetières... »

culture, on proscrirait l'initiative privée. Après tout, les premiers planteurs français qui cultivèrent le thé en Indochine furent traités de fous : les faits ne leur ont-ils pas donné raison ? S'il est enfantin de tout essayer partout, il est hardi d'interdire à quelque chose de pousser quelque part. Il faudra donc bien du doigté pour amener les colons à régler leurs efforts selon les directions de l'autorité locale et à réserver les ressources de celle-ci aux cultures vraiment productives.

C'est surtout en ce qui concerne l'outillage que doit s'exercer, au-dessus des activités et des ambitions locales, cette action coordinatrice du pouvoir central, Parlement et ministère. Trop souvent une route, un chemin de fer colonial fut la création personnelle, le « joujou » de tel gouverneur. De là des incohérences, qui aggravent la générale insuffisance de notre réseau colonial. Même insuffisance pour les ports. Notre empire — si l'on fait abstraction ici encore de l'Afrique du Nord, — ne possède que trois ports véritablement modernes : Dakar, Saïgon, Haïphong. Et ils ont besoin de gros travaux pour être mis à la hauteur des besoins actuels. Sur un seul point nous avons fait un effort vraiment remarquable, qui nous place au moins au niveau de nos plus brillants rivaux, à savoir dans l'ordre de la Télégraphie sans fil. Ajoutons-y les intéressantes tentatives de l'automobilisme colonial et de l'aviation coloniale. Je ne crois pas que M. Sarraut parle de cette dernière, sans doute parce qu'une cloison étanche sépare son ministère des services de l'aéronautique, fût-elle coloniale.

De même il ne fait qu'une timide allusion à l'une des plus cruelles insuffisances de notre outillage colonial, parce que la solution du problème n'est pas du ressort de son ministère. « Il est arrivé, dit-il en parlant des produits fournis par les colonies durant la guerre, il est arrivé que ces produits recueillis si difficilement et acheminés avec peine vers les ports d'embarquement... n'ont pu être enlevés à temps, à cause de l'insuffisance et de l'irrégularité des frets. *Une flotte importante est nécessaire pour assurer l'évacuation des denrées* [1], dont le stockage est impossible sous des climats chauds et humides. » Tant que nous n'aurons pas cette « flotte importante », il sera vain de se lamenter sur les malheureux 10 p. 100 que représentent, par rapport au total de nos importations, les provenances coloniales ; il ne faudra pas s'étonner de voir nos oléagineux partir pour Port-Sunlight ; il faudra nous résigner à racheter en Amérique les bois de la Côte d'Ivoire et, demain peut-être comme en 1913, à Hambourg les rotins tonkinois.

La condition préalable de toutes les réformes préconisées par M. Sarraut, c'est donc une flotte « impériale », établissant des relations régulières et fréquentes entre les ports métropolitains et les ports coloniaux. Et il ne s'agit pas seulement de compenser, tonneau pour ton-

1. C'est nous qui soulignons.

neau, les 980.000 que la guerre maritime nous a fait perdre. Outre que notre tonnage d'avant-guerre était déjà inférieur à nos besoins essentiels, il nous faut, pour le service de nos colonies, non pas seulement des cargos, mais des *paquebots*. Il eût fallu faire comprendre, il serait temps encore de faire comprendre à nos alliés qu'il est contradictoire de laisser à la France un bel empire colonial, d'étendre même ses responsabilités par le système des mandats, et de lui refuser l'instrument indispensable à l'exploitation de ces territoires, à savoir une flotte de paquebots [1]. Il faudrait, en France même, faire comprendre à l'opinion publique la nécessité de cet organisme. Mais on aime mieux, au nom des principes, s'indigner quand l'Indochine se constitue une flotte à elle, tout comme a fait l'Australie. On aime mieux, toujours au nom des principes, piétiner les débris de la flotte d'État, sans tenir compte des conditions dans lesquelles l'État a constitué cette flotte, pour répondre à quels besoins, et en s'exposant à quels risques, moindres que ceux que nous aurions courus si l'État s'en était remis aux initiatives privées. Je voudrais être bien sûr que, dûment « liquidée » et distribuée entre les armateurs, cette flotte rendra à nos colonies les services que celles-ci étaient en droit d'en attendre. Est-il sûr que les compagnies placeront tou-

1. Le Ministre qui avait alors dans ses attributions la Marine marchande a fait, au début de 1919, tous ses efforts pour plaider cette cause. Mais les *Big Four*, obsédés par les questions de haute politique, jetaient au panier les travaux des experts.

jours au-dessus des intérêts mercantiles et financiers l'intérêt supérieur de la collectivité? Je crains bien que, dans cette frénésie de liquidation, on n'ait oublié de tenir compte de cet intérêt.

Je ne suivrai pas dans le détail l'exposé des travaux dont le ministère juge l'exécution particulièrement urgente dans les diverses colonies. Ils sont énumérés, nominativement, dans le projet de loi. Celui-ci constitue donc ce « programme » dont nous avons jusqu'à présent manqué. Les travaux y sont classés dans l'ordre où ils doivent être entrepris, pour chaque catégorie d'ouvrages. « Toute modification audit programme devra être approuvée par une loi », ce qui garantit le droit supérieur de contrôle du Parlement.

Mais ce programme, pour étendu qu'il soit, n'est pas limitatif. Si les circonstances démontrent que telle ligne ferrée non prévue au programme est devenue indispensable à la prospérité d'une colonie, le gouvernement local n'est pas nécessairement tenu de recourir à la procédure législative, avec les redoutables lenteurs administratives et parlementaires qu'elle comporte. L'autonomie indispensable est réservée par ce paragraphe de l'article 2 : « Les dispositions ci-dessus ne sont pas applicables aux travaux publics exécutés par les colonies sur les ressources propres de leur budget. » Exception capitale quand on connaît la situation financière de nos colonies. « Presque toutes, actuellement, pourvoient à leurs dépenses civiles. Les subventions que l'État fournit aux moins favorisées d'entre elles sont peu importantes », 13 millions et demi au budget de 1920, moins de 12 millions en 1921, voilà ce que coûte à la métropole l'administration *civile* de ses colonies. Et plusieurs d'entre elles prennent une part croissante des dépenses militaires, lesquelles, en bonne justice, sont surtout d'intérêt métropolitain. Sauf de rarissimes exceptions, nos colonies ont donc des ressources propres, provenant de l'impôt ou de l'emprunt. Le regretté gouverneur-général de l'Indochine, M. Long, n'a-t-il pas su réaliser brillamment ce tour de force de placer dans la colonie, et surtout dans la population indigène, un *emprunt en piastres ?* Et si nous sortons des « colonies » au sens strict, ne voit-on pas l'Algérie emprunter *sans* la garantie de la métropole ? N'est-il pas légitime que les colonies aient la libre disposition des deniers qu'elles se sont ainsi procurés sous leur propre responsabilité ?

Par là peut donc s'établir une harmonieuse distinction entre le programme des travaux d'intérêt général, — disons « impérial », — et les programmes coloniaux, fruits d'une autonomie que le ministère paraît disposé à concevoir de plus en plus large. La colonie pourra, par ses services techniques, faire étudier et réaliser des travaux publics en dehors du programme législatif, quand elle aura de quoi les payer.

IV

Nous en aurions fini, si le ministère français des Colonies se considérait comme chargé uniquement de défendre des intérêts. Il serait contraire à toute la tradition française de ne pas admettre qu'il a en même temps charge d'âmes.

Là encore, nous sommes dans le plan établi par le pacte de la Société des Nations. La raison fondamentale que les Alliés ont invoquée pour dépouiller l'Allemagne, c'est qu'elle traitait les indigènes avec cruauté, c'est qu'elle les regardait uniquement comme un matériel d'exploitation. On lui a retiré ses colonies comme on retire la puissance paternelle à un père indigne.

L'article 22 du pacte est formel : le mandat est concédé dans l'intérêt des peuples confiés aux mandataires. « Le bien-être et le développement de ces peuples forment une mission sacrée de civilisation ». Il n'est pas douteux que l'opinion universelle étendra cette conception des colonies à mandat à tous les territoires coloniaux.

Nous n'aurons certainement pas de grands efforts à faire pour appliquer systématiquement, dans nos relations avec les indigènes des diverses races, les tendances humaines et sociables qui sont dans notre tempérament national. Cependant, n'exagérons rien, et ne nous laissons pas éblouir par l'éloquence des orateurs officiels. Il n'est malheureusement pas vrai que toujours et partout la familiarité, la bonhomie, la rondeur « bon enfant » règlent nos rapports avec nos sujets et protégés. Il est des Français, même en France, qui ne savent pas faire la distinction entre un homme d'une race aussi affinée que la race annamite et un nègre bambara. Pour eux, tous ces gens-là sont des « indigènes », — contre-sens qui correspond à un ensemble de notions fausses[1].

Il est temps, si la France veut conserver son Empire colonial, qu'elle fasse sur ce point son examen de conscience. Les résultats de cet examen ne seront pas, d'ailleurs, uniformément déplaisants. Dans cette lointaine Asie où les répercussions de la grande guerre ont provoqué, comme un écho, l'éveil de la conscience indigène, où presque partout cet éveil se traduit en sourde révolte contre le maître européen, ce nous est une joie de constater que la population annamite nous reste, en somme, fidèle. Tel globe-trotter de haute culture, ayant sacrifié en son temps aux idoles anticoloniales de la tribu socialiste, traverse-t-il, après les autres colonies d'Extrême-Orient, notre Indochine? Il en revient en proclamant loyalement que nulle part le délicat problème de la coexistence du protecteur et des races pro-

1. Rostand ne dit-il pas à un homme descendu de la lune : « Etes-vous indigène ? »

tégées n'a été abordé avec autant d'intelligence, traité avec autant d'humaine habileté, que nulle part les résultats n'ont été aussi encourageants[1].

Mais sur d'autres points il y a encore à faire. L'exemple de l'Egypte doit nous donner à penser. Plus près encore de nous, en Tripolitaine, les Italiens ont fait, avec leur « Statut », une expérience que l'on peut juger prématurée et qui ne paraît pas avoir été heureuse, mais dont nous aurions tort de croire qu'elle n'a pas agité l'opinion tunisienne. Ignorer cette opinion serait une folie[2].

Les puissances coloniales ont le choix entre deux méthodes : la méthode que l'on appelle anglaise depuis que les Canadiens-Français l'ont imposée de haute lutte à leurs anciens maîtres, et qui consiste à laisser se créer, autour de soi, des « nations-sœurs », politique qui a ses avantages et ses risques ; la méthode qui consiste à tenir les colonies étroitement groupées en un faisceau avec la métropole. C'est la méthode qui plaît à nos esprits amoureux d'unité. Plus en accord que l'autre avec la composition technique de nos possessions, elle n'est réalisable que si, renonçant à la fois aux idées périmées de domination et aux chimères d'une assimilation impossible, nous associons nos colonies à

1. Pour les territoires à mandat situés en Afrique, c'est pour nous une joie et un légitime orgueil de constater que, depuis la paix, la gestion française a constamment recueilli les éloges de la Société des Nations.

2. Ces lignes avaient été écrites avant les événements qui ont précédé le récent voyage du Président de la République.

nos destinées. Cette association suppose une amélioration constante du sort matériel, un relèvement constant du niveau moral des populations, et, comme conséquence, une part, variable avec les milieux, mais toujours plus large accordée à nos protégés dans le gouvernement de leurs pays respectifs.

Telle semble bien être la doctrine actuelle du ministère des Colonies, comme elle fut hier celle du gouverneur-général de l'Indochine, comme elle est, là-bas, celle de son successeur[1]. Très courageusement, l'exposé des motifs s'élève contre ceux qui vont disant que cette politique d'association progressive est une politique de faiblesse, qu'elle prépare la sécession. C'est tout le contraire qui est vrai. Comme il n'est pas en notre pouvoir d'empêcher les courants modernes de pénétrer dans nos colonies, nous avons le choix entre une pénétration venue du dehors, obéissant à des influences hostiles, ou une pénétration dirigée par nous-mêmes. Vouloir soustraire nos colonies au progrès moral et social, ce serait les pousser à l'indépendance, ou plutôt les livrer à des mains étrangères.

De là vient la place, heureusement importante, que les projets du ministre des Colonies font à l'enseignement, étant entendu que cet enseignement ne doit pas fabriquer des déclassés, qu'il doit viser, d'une part à

1. Elle vient de triompher avec le nouveau Résident général, en Tunisie. Le gouverneur-général en poursuit l'application généreuse en Algérie. Elle est, depuis longtemps, notre politique marocaine.

former des élites, d'autre part à perfectionner, techniquement, l'outillage humain de chaque colonie. De là aussi les œuvres d'assistance médicale et d'hygiène. On éprouve une profonde satisfaction à voir figurer parmi les travaux essentiels, à côté des ports, des voies ferrées, des routes, des canaux d'irrigation, non seulement les mesures d'assainissement, mais la construction de dispensaires, de maternités, d'hôpitaux indigènes ; au Sénégal de léproseries, d' « hypnoseries » au Cameroun, de sanatoriums en Indochine ; la création de parcs sanitaires automobiles, et partout d'écoles de médecine indigènes[1].

En appliquant ce programme, la France ne fera pas seulement un beau geste de politique idéaliste. Elle fera un geste opportun de politique très pratique, elle s'imposera par ses bienfaits. Malgré les imperfections et les incohérences de son œuvre, son idéalisme ne l'a pas, en somme, trop mal servie, puisque, dans la grande crise, elle n'a connu ni révoltes coloniales graves, ni même refus de ses colonies de prendre leur part de ses charges. Aucune des espérances qu'avaient fondées sur ces bases les Allemands de 1913-1914 ne s'est réalisée. Au contraire, la contribution des colonies à nos emprunts nationaux, la façon relativement facile dont, en dépit de quelques maladresses, se sont recrutés la main-d'œuvre coloniale et le contingent des combattants colo-

1. A cet égard encore, l'Exposition de Marseille a été une merveilleuse collection de documents.

niaux[1], ne sont-ce point là des signes? Avant 1913, les anticoloniaux et les arabophobes étaient d'accord pour dire : « A la première guerre européenne, les musulmans nous jetteront à la mer. » Et le chœur des antitonkinois répondait : « A la première guerre, l'Indochine sera en feu. » Nous n'avons été jetés à la mer ni à Tunis, ni à Alger, ni même en cette possession plus neuve, sur ce front organisé par le génie d'un chef, où des Français peinèrent sans gloire pour permettre l'afflux ininterrompu, sur les fronts où se cueillaient les lauriers, des unités marocaines. Et l'Indochine, en son ensemble, n'a pas bougé. Le « réveil de l'Asie » ne s'y est point fait contre nous.

Depuis la paix, plus heureux que d'autres puissances coloniales, nous n'avons pas entendu de craquements sinistres dans notre édifice d'outre-mer. Nos protégés ne sont pas venus, les armes au poing, réclamer le paiement de la dette que nous avons contractée envers eux.

Ne nous endormons point, cependant, en une sécurité trompeuse. La dette existe, et si on nous la réclame sans trop d'aigreur, c'est parce que l'on a confiance en nous ; on sait que nous ne la laisserons pas protester. Mais nous serions impardonnables et aveugles de négliger certains avertissements. Telle revendication tuni-

1. Nous ne songeons pas ici à nous prononcer sur la grave question de l'armée noire, qui vient d'être étudiée à fond, avec une parfaite objectivité, dans les premiers numéros de 1922 de l'*Afrique française*.

sienne, même exagérée, même inadmissible en l'état actuel du peuple tunisien, nous serions bien imprudents si nous lui opposions une dédaigneuse fin de non-recevoir. Il faut savoir devancer les heures critiques, et éviter de nous laisser imposer ou arracher les concessions que nous pouvons et qu'il est dans notre intérêt de consentir.

On voit combien sont complexes les problèmes économiques et moraux que pose notre politique coloniale. L'extension de notre domaine nous a chargés, comme disent les Anglais, de « responsabilités » nouvelles. Nous ne saurions nous y soustraire sans renoncer à ce domaine lui-même.

Dans sa sphère, qui ne comprend pas toutes les dépendances extérieures de la France, le ministre des Colonies essaie de résoudre ces problèmes. Que le Parlement l'y aide, en votant sans délais inutiles le projet de loi déposé le 12 avril 1921. Aussitôt après, il conviendra de créer l'instrument financier souple et rapide, qui permettra l'exécution du programme. Car c'est surtout en matière coloniale que la lenteur et la timidité des vieilles méthodes administratives ont fait trop souvent, comme le dit très bien M. Albert Sarraut, « tourner la parcimonie en un fâcheux gaspillage ».

. . . .

Voter sans délais inutiles... 12 avril 1921... Et nous sommes au début de 1923. De tous les gaspillages, le pire, le plus impardonnable est celui du temps. Quand donc le Parlement le comprendra-t-il ? Nous vivons en un temps où les décisions, en matière économique, n'ont leur valeur d'efficacité que si elles sont prises à l'heure. Serons-nous toujours en retard d'une année, d'une idée, d'une volonté ?[1]

1. La commission, lors de la discussion du budget de 1923, s'est excusée de ces retards en arguant de la nécessité de compléter ses enquêtes, d'envoyer quelques-uns de ses membres faire des voyages d'études dans plusieurs colonies. En décembre 1922, ces messieurs ont encore besoin de se renseigner ! Il y aurait là de quoi rire, si ce n'était à pleurer.

CHAPITRE IX

LA SOCIÉTÉ ÉCONOMIQUE DES NATIONS

Les auteurs de la paix de Versailles et du pacte de la Société des Nations ont proclamé à l'envi que les conflits économiques entre les peuples constituaient le principal obstacle à la paix du monde. Mais après avoir posé ce principe, qu'ont-ils fait, dans le domaine pratique, pour empêcher ces conflits de naître, de s'envenimer, d'aboutir à des collisions dangereuses?

I

Dans le troisième de ses quatorze points, le président Wilson avait bien réclamé l'égalité économique entre les nations. Nous nous ferions un jeu de démontrer que cette formule idéaliste ne s'adapte pas à la réalité, qu'elle s'accommode — d'après l'exégèse qu'en a donnée le président Wilson lui-même — avec les pires excès du nationalisme économique, qu'elle pousse, en fait, au protectionnisme le plus monstrueux. A cette formule rigide, les rédacteurs du pacte en ont substitué une plus souple, celle de « l'équité » des relations commerciales — si souple qu'elle en devient anodine et inopérante.

Rien n'a été fait pour constituer une Société économique des Nations. Il y a bien, dans le vaste organisme de Genève, une section économique. Mais ni cette section ni les conférences « d'experts » réunies à Bruxelles ou ailleurs, ni les grandes conférences comme celle de Gênes n'ont fait autre chose que d'émettre des vœux et de distribuer des conseils, sans jamais dire comment ces vœux pourraient se transformer en lois internationales, ni comment les peuples pourraient s'y prendre pour profiter des conseils qu'on leur prodiguait si généreusement.

Malgré toutes les conférences, nous en sommes toujours au même point. Ou plutôt nous avons fait bien des pas en arrière. Jamais, du moins depuis près de deux siècles, le nationalisme économique n'a été si fort.

Le monde — disons plus modestement l'Europe occidentale et centrale et ses dépendances extérieures — avait semblé entre 1860 et 1880 s'orienter vers cet idéal : la division géographique du travail. On aurait volontiers répété la phrase de Jacques Savary, dans son *Parfait Négociant* de 1675, sur « la nécessité et utilité du commerce... De la manière que la Providence de Dieu a disposé les choses sur la terre, l'on voit bien qu'il a voulu établir l'union et la charité entre tous les hommes, puisqu'il a imposé une espèce de nécessité d'avoir toujours besoin les uns des autres. Il n'a pas voulu que tout ce qui est nécessaire à la vie se trouvât en un même lieu ; il a dispersé ses dons, afin que les hommes eussent commerce ensemble... »

Telle était, ou semblait être, la règle de la politique économique. Assurément, on n'entrevoyait le libre échange que dans les brumes de l'avenir. Mais en attendant on admettait que chaque peuple doit produire, et vendre, ce que les qualités de son sol et de ses habitants l'ont qualifié pour fournir dans les meilleures conditions, — acheter ce que les autres peuples peuvent lui livrer à des conditions plus avantageuses. Ainsi s'établissaient entre les nations des liens réciproques et nécessaires, garantie constante de la paix.

Bien avant la guerre, dès la fin du XIXe siècle, cette théorie, toujours proclamée des lèvres, correspondait de moins en moins aux faits. La création politique du Reich allemand avait abouti à la constitution d'une puissance économique dont l'ambition était de se suffire à soi-même, et de n'apparaître sur les marchés du monde qu'à titre de vendeuse du surplus de sa production, d'acheteuse des matières premières indispensables à son activité toujours plus dévorante et des denrées réclamées par des foules ouvrières chaque jour plus nombreuses. Devant la concurrence industrielle allemande, devant l'invasion de son sol par une Amérique alors arrivée au stade de la grande exportation des produits agricoles à bon marché, la France s'entourait d'une plus haute barrière douanière. L'Angleterre elle-même tentait avec Chamberlain le premier effort pour réserver à l'industrie britannique le marché des Dominions, et le marché britannique à l'agriculture de l'Empire. Quant aux États-Unis, leur évolution rapide vers le type d'État industriel s'accompagnait d'un protectionnisme de plus en plus redoutable pour les autres nations, protectionnisme facile à concevoir et à réaliser dans un pays — au vrai dans un continent — qui peut se suffire à lui-même.

Se suffire à soi-même, tel était, dès avant 1914, le mot d'ordre des nations. L'*Autarkie* est devenu un idéal, directement opposé à celui du libre-échange. L'autarkie a pour effet d'accumuler dans chaque nation la plus grande quantité et la plus grande variété de produits. L'autarkie vise à corriger l'œuvre de la nature, à faire, contrairement à l'observation de Savary, que « tout ce qui est nécessaire à la vie se trouve dans un même lieu ». Ce faisant, elle pousse à la surproduction, parce qu'il est dans la nature même de l'industrie moderne de produire toujours davantage pour abaisser son prix de revient. Elle pousse également chaque nation à produire même les articles qu'elle ne peut fabriquer que dans des conditions onéreuses, d'où nécessité de se défendre par de hautes barrières contre les concurrents mieux placés. Elle pousse chaque nation à chercher à tout prix des débouchés pour y écouler l'excès de sa production. Car si le mécanisme industriel a besoin de tourner de plus en plus vite, le producteur ne peut réaliser de bénéfices qu'en accroissant d'après le même rythme d'accélération le nombre des consommateurs.

Comme la terre est limitée, comme le nombre des consommateurs est nécessairement fini — du moins le nombre de ceux qui, à un moment donné, sont en mesure d'acheter, même à bas prix, un produit donné — il est fatal que ce système, dès qu'il est appliqué à peu près par tous les peuples, aboutisse à un engorgement des marchés, et par conséquent à des conflits entre les États producteurs. Des conflits, cela signifie non seulement la ruine pour les chefs des industries les moins bien placées, les moins bien équipées, ou les moins habiles et les moins dépourvues de scrupules dans les luttes économiques, mais cela signifie surtout le chômage, et par suite la faim, pour les classes ouvrières des nations qui se laissent battre dans ces luttes, pacifiques en apparence, en réalité tragiques et meurtrières.

L'humanité moderne ne connaît plus (sauf des cas exceptionnels dont le cas russe est le plus typique) la famine au vieux sens du mot, née de l'insuffisance des récoltes ou de l'imperfection des communications. Mais elle réalise un nouveau cas de famine, la famine par l'arrêt du travail, que cet arrêt ait pour cause la fermeture des marchés ou la difficulté de se procurer des matières premières. Ce mot : « la famine du coton », n'est pas un mot vide, une sorte de mythe de l'histoire économique; il correspond à une réalité humaine : la vraie disette, la crise de dénutrition causée, dans certains centres industriels, par la raréfaction ou, ce qui revient au même, par le prix trop élevé de la matière première. La hausse excessive des matières, en élevant le coût de la production, aboutit pratiquement, tout comme la surproduction même, à la fermeture des marchés, ou du moins à la création sur ces marchés d'un véritable monopole en faveur des concurrents les mieux pourvus en matières premières.

La conquête des marchés et la conquête des matières premières finissaient donc par devenir pour les nations des questions de vie ou de mort, non pas en un sens métaphorique, mais au sens physiologique du mot. Mais alors intervenait la loi spinoziste qui pousse tout être à persévérer dans l'être. Pour conserver ou étendre ses marchés, toute nation industrielle était entraînée à employer tous les moyens, des moyens licites comme l'activité commerciale, la publicité, l'organisation collective, le développement des moyens de transport, bref l'abaissement des frais généraux et l'action persuasive sur la clientèle — ou des moyens illicites, dont le *dumping* est le plus connu. Mais l'efficacité de ces moyens n'était pas, elle-même, illimitée. Elle rencontrait sa limite dans la capacité d'absorption des marchés. Quand on s'approchait de cette limite, c'est-à-dire quand le spectre de la famine surgissait devant les masses industrialisées, quelle tentation de recourir à la force brutale, si on la possédait, pour contraindre les marchés consommateurs à s'ouvrir de préférence devant vos produits, ou pour écarter de ces marchés les concurrences gênantes ! Quelle tentation que de recourir à cette même force guerrière pour aller saisir les matières premières là où elles se trouvent, pour briser la résistance des nations qui auraient voulu s'en réserver l'usage! Pétrole, coton, fer, corps gras, ce sont les « provinces » que se disputent les États, héritiers des princes qui se disputaient des territoires.

Supposez, en un monde ainsi fait, une grande unité économique, de type expansif, accolée à un grand empire militaire, dont la supériorité technique apparaît évidente non seulement au reste du monde, mais à la conscience même de ses citoyens : il n'est pas de force, ni de raison, qui puisse empêcher cette puissance économico-militaire de passer de la guerre économique à la guerre tout court. Ou du moins, elle espère que la simple menace de ce passage d'un état de guerre virtuel à un état de guerre réel lui permettra d'obtenir, par intimidation, le même résultat que lui procurerait l'emploi des armes, et à moins de frais. Elle espère donc faire l'économie de la guerre, aboutir à la victoire sans guerre. Mais elle peut avoir mal calculé la réaction psychologique des peuples ainsi menacés. Elle se trouve alors entraînée dans une guerre dont elle peut dire, avec quelque apparence de vérité, qu'elle ne l'avait point voulue; ce qu'elle voulait, c'était la victoire.

Une autre caractéristique de la situation d'avant-guerre, c'est que cette accélération constante du rythme industriel obligeait à une augmentation croissante du capital de toutes les affaires, par conséquent du capital industriel de chaque nation, par conséquent du capital industriel de l'humanité. Mais à s'enfler ainsi démesurément, monstrueusement, on ne s'apercevait point que la notion même de capital se vidait de son contenu. Qu'est-ce que le capital, sinon une accumulation de richesses réelles, objets consommables ou instruments de production? Je sais bien que, grâce au crédit, l'Europe a trouvé dès le XIIIe siècle, et surtout depuis le XVIe, le moyen de réaliser à l'avance les richesses futures, de les volatiliser en les multipliant. Mais la situation du marché des capitaux n'est saine que tant qu'il existe une certaine relation entre les richesses réelles, les seules qui comptent en définitive, et les richesses fictives créées, disons les richesses virtuelles réalisées d'avance par le crédit. Nous savions bien que le total des milliards-papier représentant le capital des sociétés industrielles dépassait l'avoir réel de ces sociétés en machines et en marchandises. Mais de même que l'encaisse métallique des banques suffisait pour nous faire accepter en toute confiance une circulation fiduciaire deux ou trois fois plus élevée, de même la masse des capitaux fictifs nous semblait garantie par l'encaisse des capitaux réels. Le capital industriel de l'humanité était un capital fiduciaire. Il valait donc, en grande partie, par la confiance qu'on avait en lui.

Au fond, depuis la fin du XIXe siècle, la multiplication des signes du crédit avait été beaucoup plus rapide que l'augmentation des valeurs réelles. Un procédé courant consistait, après avoir divisé en actions le capital de plusieurs affaires, à réunir ces affaires en un *omnium*, qui à son tour émettait des actions. Le crédit échafaudé sur le crédit, telle était la caractéristique de l'industrie européo-américaine. Nulle part cette situation n'était plus évidente qu'en Allemagne, parce que l'industrie allemande reposait, pour une grande part, sur des crédits étrangers. Sur un capital réel en partie français la banque allemande construisait un premier édifice ; elle finançait, par exemple, des affaires allemandes d'électricité. Celles-ci, à leur tour, installaient en Allemagne, ou hors d'Allemagne, une Banque pour la création d'industries électriques. Cette Banque émettait enfin les actions de sociétés filiales, à Barcelone, à Buenos-Aires, à Bucarest. Qu'avait-on ajouté, en fait et comme réalités sensibles, au capital initial ? Bien peu de choses. Ces réalités disparaissaient sous un océan de papier.

Le monde, avant 1914, était virtuellement en banqueroute. Si l'on ne s'en apercevait pas, c'est parce qu'il n'existait pas un ou des créanciers extérieurs à notre microcosme. Supposons un instant que l'écart entre nos richesses réelles et nos capitaux circulants eût représenté une dette contractée par la planète Terre vis-à-vis de la planète Mars, les choses auraient été tout à fait différentes. Le créancier, en réclamant la liquidation de sa dette, eût fait apparaître la banqueroute.

II

La guerre, née en partie de cette situation, l'a-t-elle modifiée ?

Tout au contraire, elle l'a aggravée. Pendant la guerre, ce sont les nations elles-mêmes, non seulement les belligérantes, mais les neutres, qui ont dû recourir à ce procédé séduisant et dangereux des crédits échafaudés sur des crédits, garantis par des crédits. Les mots de « capital national » étaient devenus vides de sens ; à considérer chaque nation comme une maison de commerce, il n'y avait plus de rapport entre son passif, représenté par des papiers de tout genre, et l'actif représenté par des valeurs réelles et sa capacité de production. Tant que ces papiers étaient placés à l'intérieur du pays, l'inconvénient était médiocre [1] ; la situation pouvait, d'un jour à l'autre, devenir tragique pour certaines classes de la société, et pour le budget de l'État ; mais la nation n'était pas atteinte, il n'y avait chez elle qu'un déplacement des fortunes. Tout changea lorsque la prolongation de la lutte obligea les

1. Voy. notre Chapitre premier.

États, agissant cette fois comme mandataires des nations, à se procurer au dehors les matières et denrées indispensables, sans pouvoir offrir des produits en paiement. Le mécanisme des échanges s'en trouva bouleversé. Ce qui lui permit de continuer à fonctionner, ce fut la constitution des ententes interalliées. En dénonçant ces ententes en avril 1919, les grands alliés ont déchaîné à travers le monde l'anarchie économique et, par suite, la guerre économique de tous contre tous.

Qu'a-t-on vu en effet ? Que toutes les nations, en réalité, étaient en état de banqueroute vis-à-vis des autres, et toutes ensemble vis-à-vis d'une seule. L'hypothèse que nous avons imaginée d'un créancier extérieur à notre planète, elle s'est à peu près réalisée. Détenteurs de la moitié de l'or monnayé, possesseurs d'une créance de dix milliards de dollars sur le reste du monde, les États-Unis sont à peu près dans la situation où nous placions tout à l'heure la planète Mars. Mais si le créancier est un, les débiteurs sont multiples, leurs situations sont très inégales et ils entretiennent aussi, entre eux, des rapports de débiteurs à créancier, ou réciproquement.

C'est ce qu'on appelle le déséquilibre économique, lequel se produit de façon apparente par le déséquilibre des changes.

L'inflation fiduciaire sous toutes ses formes, conséquence de la guerre, a engendré le déséquilibre. Et celui-ci, à son tour, engendre l'inflation. Au fur et à mesure que les signes monétaires d'un pays donné représentent une moindre fraction du dollar, il faut les multiplier. Au fur et à mesure aussi que les sociétés industrielles ont besoin de sommes nominalement plus élevées pour acheter leurs matières et entretenir leur personnel, elles « augmentent » leur capital. Singulière expression, pour dire qu'elles accroissent leurs charges. Mensonge des actions qui se multiplient en se divisant, mensonge des titres dont la valeur hausse quand la monnaie nationale baisse, mensonge des dividendes énormes qui correspondent à de maigres réalités...

Et alors, par une classification automatique et impitoyable, l'humanité se divise en pays *riches* et en pays *pauvres*. Riches, ceux dont les capitaux fictifs ne dépassent point ou dépassent de peu les capitaux réels; pauvres ceux dont les budgets alignent sur le papier des milliards ou même des millions sans qu'à ce grossissement monstrueux des chiffres corresponde une augmentation semblable des choses signifiées.

Mais, ce à quoi personne n'avait pensé, surtout dans les pays riches, ceux-ci souffrent de cette situation comme les pays pauvres, quoique d'une autre façon. Il y a crise de sous-production dans les États pauvres, et crise de surproduction dans les États riches. Comment cela est-il possible ? « Il y a encore, disait très bien en septembre 1921 le professeur Gini[1], crise de sous-production, en ce sens que la production, toujours inférieure à celle d'avant-guerre pour toutes ou presque toutes les marchandises, ne suffit pas à couvrir les besoins universels, qui... dépassent certainement ceux d'avant-guerre. » Ces mots n'ont pas perdu leur vérité. Mais il y a crise de sous-consommation, parce que si les États pauvres ne peuvent plus acheter, les États riches ne peuvent plus vendre.

De là une terrible maladie, actuellement endémique dans les pays riches : le chômage. « Une partie du monde ne peut plus vendre et menace de succomber à une effroyable crise de chômage parce que l'autre partie du monde ne peut plus acheter » : ainsi s'exprimait, à l'heure même où écrivait M. Gini, le Conseil central de la Fédération nationale des Coopératives de France. On ne saurait mieux dire.

En effet, depuis la révolution industrielle qui a commencé vers la fin du XVIIIe siècle, certains des pays les plus avancés dans l'ordre de la civilisation matérielle ont été le théâtre de phénomènes bien connus. L'analyse qu'en a donnée M. Paul Mantoux est désormais classique[2]. Dépeuplement des campagnes, création d'énormes agglomérations urbaines, croissance prodigieuse des usines ; les produits de ces usines, ou du

1. *Société des Nations. Commission économique et financière provisoire.* Rapport sur certains aspects du problème des matières premières. Genève, décembre 1921.

2. *La révolution industrielle.* Paris, 1906.

moins les quantités non absorbées par la consommation intérieure, servant à payer à la fois la nourriture des producteurs et les matières nécessaires à la fabrication des nouveaux produits. Admirable mécanisme, et qui fonctionne admirablement... à condition que nulle pièce ne se brise. Un grain de sable dans les engrenages, et toute la machinerie grince.

Nulle part cette évolution n'a été plus précoce et plus complète qu'en Angleterre. C'est donc l'Angleterre qui est le plus sensible au mauvais fonctionnement du mécanisme des échanges. Les États-Unis, en souffrent beaucoup moins, d'abord parce que la terre des « possibilités illimitées » garde en soi des denrées et des matières pour ses besoins propres, alimentaires et industriels; d'autre part, la capacité d'absorption de son marché intérieur en denrées alimentaires et en produits fabriqués n'est encore dépassée que d'une façon relative. Un pays où le commerce extérieur, si énorme qu'il paraisse en chiffres absolus, ne représente pas le cinquième de l'ensemble des transactions, ce pays est moins sensible que d'autres à la rupture de l'équilibre économique, il trouve encore des débouchés où écouler l'excès de sa production. Peut-être cette relative immunité de l'Union explique-t-elle son long « désintéressement » à l'égard de la crise européenne.

Certaines nations sont moins atteintes que l'Angleterre par cette crise, parce que leur évolution vers le type exclusivement industriel est moins avancée. L'Allemagne, jusqu'au dernier automne, n'était pas atteinte, parce qu'elle avait trouvé dans le déséquilibre même le moyen de volatiliser sa dette intérieure et d'éluder ses obligations internationales, de reprendre sa place sur les marchés étrangers, de réaliser chez elle, avec le papier, des améliorations d'outillage qui accroissent réellement son « capital ». Seul l'épuisement de ses stocks de matières et de ses crédits à l'étranger pourra troubler sa quiétude.

III

Comment sortir de la situation actuelle ? A quelles conditions pourrait-on amener les nations à renoncer à l'*autarkie* ?

La première condition, serait d'assurer à toutes les nations un égal accès aux matières premières. Il est vain de parler de liberté économique et de liberté des échanges, nous l'avons déjà remarqué, tant qu'un État pourra profiter d'un monopole naturel pour étouffer, comme par une émission de gaz à longue distance, l'industrie d'un autre État.

Il s'est trouvé, au lendemain de la guerre, que les États riches, ceux dont la monnaie était restée intangible ou n'avait subi qu'une très faible dépréciation, comptaient aussi parmi les gros détenteurs de matières premières. Dans les propositions faites par la France d'abord, plus tard par l'Italie, ils n'ont vu qu'une atteinte à leur toute-puissance, et ils les ont repoussées dédaigneusement. L'Angleterre a tiré le profit que l'on sait de la situation exceptionnelle que lui conférait sa richesse en charbon, l'Amérique a exercé le même contrôle sur le coton.

Mais voici que cette dernière semble avoir trouvé son chemin de Damas. Non pas en ce qui touche toutes les matières. Mais il en est une pour laquelle elle s'inquiète de voir un autre monopole s'opposer au sien. Elle produit cependant, à elle seule, 70 p. 100 du pétrole mondial. Mais il est arrivé au monopole américain du pétrole deux singulières aventures[1]. D'abord les gisements américains semblent menacés d'épuisement, et avec eux les gisements que les Américains possèdent au Mexique. En second lieu, si les États-Unis représentent le plus gros producteur, ils sont aussi le plus gros consommateur, et la marge entre les disponibilités et les besoins décroît d'une façon inquiétante. Or, autour d'eux, dans le monde entier, les sources de pétrole sont accaparées par d'autres : soit que, par exemple dans les Indes néerlandaises, l'exploitation en soit réservée aux seuls nationaux ; soit que de puissantes sociétés, britanniques ou à demi-britanniques, se soient adjugé les nouveaux champs d'où peut surgir l'huile précieuse. Situation d'autant plus

1. A.-C. Bedford. *The World Oil situation* (*Foreign Affairs*, 15 mars, 1923).

grave qu'il s'agit d'une matière donnée par la nature en quantité limitée, dont on peut prévoir le prochain épuisement, et qu'on a follement gaspillée jusqu'à ces derniers temps.

Il y a quelques années, le problème du pétrole, c'était essentiellement la recherche des marchés, la lutte pour la conquête des clientèles. Aujourd'hui ce problème est renversé ; c'est la recherche des produits, la lutte pour le contrôle des gisements. Alors les Américains s'avisent — cela leur avait échappé à Versailles et à Bruxelles — que certaines matières indispensables à l'industrie moderne doivent être gérées non dans l'intérêt exclusif de leurs détenteurs, mais dans celui de l'humanité entière. Le jour où l'on se sera mis d'accord pour appliquer ce régime à *toutes* les matières indispensables, on aura fait un grand pas vers la paix économique. C'est déjà bien assez que les pays producteurs conservent le privilège naturel de la moindre distance.

Mais le règlement de la question des matières ne suffirait pas à résoudre le problème des changes. Ici nous touchons à l'une des conséquences les plus révoltantes, les plus immorales de l'anarchie actuelle. Des lèvres, les commissions d'experts prêchent aux peuples le retour à la saine monnaie. Les faits enseignent aux peuples le contraire. Une double prime est accordée à l'inflation, surtout à l'inflation constante, sans arrêt, illimitée : elle permet, nous l'avons vu dans le cas de l'Allemagne, de ne pas payer ses dettes, à partir du moment où une dette en or n'est plus humainement traduisible en une monnaie à l'excès dépréciée ; à 50.000 marks pour un dollar, comment payer des millions de dollars ? Elle permet enfin, en créant une différence de niveau entre le pouvoir intérieur et le pouvoir mondial d'une même monnaie, d'envahir les marchés étrangers et de briser les concurrences. Mais, répondent gravement les économistes, cette différence de niveau ne tarde pas à disparaître. Cela est vrai, vrai comme un théorème. Mais, si chaque fois que l'équilibre se rétablit, on s'arrange pour créer une dénivellation nouvelle, il arrive que ces dénivellations successives aboutissent au même résultat qu'une dénivellation constante.

Deux pénalités frappent les États qui ont la candeur de renoncer à l'inflation. Ils sont punis par la nature des choses, puisque leurs marchés leur sont pris par des concurrents moins scrupuleux. Mais ils sont punis aussi par les hommes. S'agit-il de répartir entre les États cohéritiers la dette de l'ancienne monarchie austro-hongroise ? En apparence on impose chacun au prorata de sa part d'héritage. En réalité on applique le principe profondément immoral qui triomphe depuis Versailles, à savoir que le montant des paiements doit être déterminé non d'après l'étendue de la dette, mais d'après la capacité du débiteur. On déclare donc que les divers États paieront en anciennes couronnes autrichiennes, évaluées pour chacun dans sa monnaie nationale. Plus un État a fait d'efforts pour assainir sa monnaie, plus sa charge sera lourde. Singulier épilogue à la parabole des vierges folles et des vierges sages : celles qui ont gardé leur huile la perdront ; celles qui ont tout gaspillé recevront de l'huile, prise sur la part des autres. Ah ! la vilaine fable que celle où la vertu est punie et le vice récompensé !

Enfin, les pays à riche monnaie comprendront-ils que leur intérêt est de favoriser, par de larges ouvertures de crédits, le relèvement des États à monnaie dépréciée ? On a presque résolu le problème pour la République d'Autriche. On parle tous les jours de le résoudre pour l'Allemagne. Mais l'Allemagne n'est pas seule en cause. Il est étrange que les Anglais, si sensibles au mal du chômage, ne s'aperçoivent pas que le problème allemand n'est qu'une face du problème européen. Ils ne semblent pas comprendre que telle solution du problème des réparations, en empêchant la banqueroute allemande, entraînerait la banqueroute de la France. Les Anglais « réalisent »-ils, pour parler comme eux, ce que seraient les conséquences de ce fait : la France, obligée de passer l'éponge sur les 90 milliards qu'elle a dû jeter déjà au gouffre des réparations, et obligée d'émettre du papier pour achever la reconstruction des pays dévastés ? Mesurent-ils la baisse vertigineuse du franc qui serait la conséquence de cette politique ? Oublient-ils que si, en 1913, l'Allemagne était le plus gros client de la Grande-Bretagne après l'Inde, c'est la France qui tient aujourd'hui ce rôle ? Peuvent-ils se fermer leur principal marché continental, et voir les fontes françaises envahir à bas prix le port de Glasgow ?

Tant que les pays à or n'auront pas compris que c'est à eux, dans leur propre intérêt de peuples exportateurs, qu'il convient de restaurer l'économie des pays sans or, ceux-ci auront raison de poursuivre une politique d'économie nationale, et il sera inutile de parler de retour à la liberté des échanges. Que de projets de crédits internationaux sont nés sans jamais aboutir ! Le tapis des conférences est jonché de leurs cadavres.

IV

Répartition équitable des matières premières, stabilisation internationale des changes, crédits de reconstitution, tout cela n'est possible que par l'établissement d'une Société économique des Nations, dont ferait partie, naturellement, la nation créancière de toutes les autres.

Est-ce un rêve ? On a bien fait naître, et vivre, le Bureau international du Travail. Pourquoi ne pourrait-on pas, d'après des statistiques bien faites, procéder à une répartition du coton, du pétrole, des graisses, des crédits ? La Chambre de Commerce internationale, qui semble viser ce but, y atteindra-t-elle ?

Si l'on croit l'établissement d'une telle société irréalisable, alors il ne reste, pour sortir de l'état actuel d'isolement hargneux, qu'à recourir à des remèdes provisoires. On l'a déjà fait, non sans quelque succès, dans le domaine politique. Devant l'impuissance pratique d'une Société des Nations que le Pacte a malheureusement laissée sans armes, les États faibles ont noué entre eux les « Petites Ententes », lesquelles sont capables de faire équilibre aux grandes puissances.

De même, en l'absence d'une vraie Société économique des Nations, il est possible de constituer des ententes économiques partielles, fondées sur la contiguïté géographique et la convergence des intérêts. Les économistes de la stricte observance se plaignent beaucoup de l'application de la politique des nationalités, qui a multiplié les obstacles au commerce. C'est ce qu'on appelle « la balkanisation de l'Europe ». Ces économistes prêchent, parfois ouvertement[1], le retour aux anciennes frontières, considérées comme des frontières économiques. Ils n'ont pas l'air de se douter que la condition nécessaire et suffisante d'un retour aux unités économiques qui faisaient leur admiration, c'est une nouvelle guerre, pire que la dernière, et qui étoufferait dans le sang des dizaines de millions d'hommes

1. C'est la thèse de l'ancien ministre Caillaux dans un article (revue américaine *Foreign Affairs*, n° 2) inspiré de la pure doctrine de G.-M. Keynes, mais qui va plus loin que Keynes lui-même. Nulle part n'a paru (ceci en décembre dernier) un aussi violent appel à ceux qui, regardant la France comme un danger pour la paix du monde, veulent la mettre dans l'impossibilité de nuire.

attachés à l'indépendance. Mais on peut remédier aux inconvénients de la balkanisation économique. Les traités eux-mêmes, et la conférence de Porto-Rose, ont ouvert la voie aux États danubiens. Une même formule s'offre aux États baltiques.

Quant à la France, de même qu'elle occupe une position intermédiaire entre les nations riches et les nations pauvres, de même elle est placée sur l'échelle entre les grandes unités économiques et les petites. Les grandes unités, ce sont les États-Unis et la Communauté des nations britanniques ; demain s'y ajoutera peut-être la Russie reconstituée. Toutes seules en présence d'une poussière d'États, ces unités géantes seraient tentées d'écraser les plus faibles.

Tout autre serait la situation si la France, après avoir noué elle-même une entente avec certains de ses voisins, favorisait la formation d'autres ententes. A défaut d'un directoire économique mondial, n'est-il pas possible de réaliser ce plus modeste idéal : l'équilibre des forces économiques ?

CONCLUSION

Et maintenant, comment conclure ? Après ces excursions en sens divers, par des routes dont ne s'aperçoit pas d'emblée la convergence, le lecteur a le droit de nous demander : où allez-vous ?

I

Notre première conclusion, nous l'emprunterons à un économiste qui, au retour d'un voyage à travers l'Europe centrale, croyait devoir « signaler aux théoriciens purs les démentis que la pratique donne parfois à leurs affirmations »[1]. En présence de la hausse des prix, il constatait la nécessité pour les Etats nouveaux d'intervenir en faveur des faibles quand la concurrence, au lieu de jouer entre vendeurs au profit du consommateur, joue contre le consommateur au profit du seul vendeur.

1. W. Oualid, dans l'*Europe nouvelle*, 7 nov. 1920, p. 1656.

Dès lors il se sentait pris d'une certaine indulgence pour des « théories qui ne doivent pas être considérées comme surannées ou périmées, simplement parce que leur existence est déjà ancienne. Le libéralisme économique a été la réaction légitime contre l'ancien excès d'organisation. Cet excès d'organisation était lui-même le résultat de la crainte de la famine qui avait effrayé toutes les générations passées. La liberté, qui se justifiait pleinement dans un monde largement approvisionné pendant tout le XIXe siècle et où l'inverse même des théories malthusiennes semblait se vérifier, doit aujourd'hui, au contraire, faire place à l'organisation, car la guerre a eu, au point de vue économique, ce résultat de ramener l'Europe à un état de disette, de famine et de régression qui l'assimile à certains égards à celle du XVIIe ou du XVIIIe siècle »[1].

Qu'est-ce à dire ? Que les théories économiques sont des catégories historiques. Elles ne sont pas vraies en soi ; elles sont vraies, relativement, pour un temps donné. Cette relativité des lois économiques, telle est, pour qui ne s'enferme pas dans le laboratoire et veut voir la vie réelle, telle est la grande leçon de la guerre. A toute époque correspond son catéchisme économique. Les retardataires qui ne veulent pas, à une heure précise, admettre le catéchisme économique qui convient à cette heure, ceux-là sont vaincus d'avance.

1. Il faudrait dire, historiquement : du milieu du XVIe au milieu du XVIIe.

II

Or, quel est le fait qui domine le monde économique actuel? C'est que la solidarité économique qui liait entre eux les peuples a été détruite. On peut — ajoutons : on doit — le déplorer. On peut entonner des hymnes à la liberté des échanges et à l'interpénétration des marchés : ces lyriques effusions célèbrent un passé mort. On peut, on doit appeler le retour de ces temps, qui n'ont pas été, autant qu'on veut le dire, des temps paradisiaques : ces chants de gloire célèbrent une aube qui ne s'annonce pas encore.

La réalité présente, c'est la constitution des Etats en unités économiques fermées. Encore une fois, cela peut être déplorable; le nationalisme économique est un obstacle à la circulation des marchandises, et il est un danger permanent pour la paix du monde. Mais il est. On peut réunir des conférences d' « experts », et ces conférences peuvent multiplier les « recommandations ». Des recommandations ne sont pas des remèdes. On ne guérit pas un paralytique en lui conseillant de faire du foot-ball, ou un poitrinaire en lui disant : « Ne toussez point ». De tous les pharisaïsmes, le plus odieux n'est-il pas celui de ces redoutables experts, appartenant à des nations enrichies par la guerre, et qui, du haut de leurs tas d'or, prêchent aux nations appauvries : « Revenez à la saine monnaie » ? Il n'a d'égal que le pharisaïsme de ceux qui, après avoir entouré leurs immenses domaines d'une impénétrable muraille, disent aux autres : « Laissez faire, laissez passer ».

Sur la carte économique du monde nous avons dit que s'étale d'abord le marché américain, avec les Hawaï, Porto-Rico, les Philippines, l'Isthme et, à peu près, Cuba. Plus de cent millions d'hommes dont l'industrie américaine se réserve la fourniture à peu près exclusive, superposant à des tarifs déjà quasi-prohibitifs des tarifs plus hauts encore. Comme ces cent millions d'hommes ont bonne grâce à se tourner ensuite vers les pauvres petits Etats d'Europe, et à leur dire (c'est, textuellement, la troisième des XIV propositions wilsoniennes) : « Suppression autant que possible, de toutes les barrières économiques, et établissement de conditions commerciales égales pour toutes les nations consentant à la paix et s'associant pour son maintien » !

On se souvient peut-être de l'émotion que ce troisième article du discours du 8 janvier 1918 souleva aux Etats-Unis, — émotion dont les conséquences pouvaient être graves pour la vie politique américaine. Le parti républicain, traditionnellement partisan des hauts tarifs, avait été trop heureux de s'emparer de cet article 3 pour accuser le Président et les démocrates de préparer une transformation du régime douanier des Etats-Unis, une évolution vers le libre-échange.

Le Président sentit le danger. Dans deux lettres à

deux sénateurs considérables, il repoussa cette accusation comme une basse manœuvre électorale. Il affirma hautement que son intention n'avait jamais été de préconiser le libre-échange ou même un abaissement des tarifs. Chaque pays, d'après lui, conservait le droit absolu de fixer à son gré ses tarifs, hauts ou bas, — *high or low* — mais à la seule condition d'appliquer à toutes les nations des tarifs uniformes.

Voilà qui est clair. La doctrine de l'égalité commerciale n'aboutit nullement à supprimer les barrières. Elle ne tient même pas à les abaisser. Elle exige seulement que la barrière dressée autour de chaque peuple, *high or low*, ait partout la même hauteur, qu'elle n'ait ni créneaux ni fenêtres.

Cette doctrine ne tient nul compte des causes d'inégalité naturelle, inégalités dues à la position, à l'abondance ou à la rareté des matières et des denrées, au coût de la main-d'œuvre, au système des communications. Sous couleur d'établir une égalité formelle, elle consolide et aggrave ces inégalités naturelles ; elle livre les faibles à la domination des forts.

Elle rend impossible, de peuple à peuple, les tractations sur la base des concessions réciproques. Dans notre minuscule Europe, les différences économiques sont telles entre deux pays voisins que ces tractations sont particulièrement fécondes.

Et par les liens étroits, multiples, compliqués qu'elles enchevêtrent entre les peuples, elles sont au premier rang des conditions du maintien de la paix et de la mutuelle bonne volonté.

La loi de trompeuse égalité dictée par les forts aboutirait à des conséquences désastreuses, plus désastreuses encore que l'état actuel. Mise dans l'impossibilité de causer avec ses amis, chaque nation devrait, en toute matière et pour chacun des articles de son tarif, songer à celui de ses concurrents qui lui apparaîtrait comme le plus redoutable, c'est-à-dire qu'elle appliquerait, à chacun de ces articles, le droit le plus élevé. Loin donc de nous conduire au libre-échange, la doctrine de l'égalité de traitement nous mènerait à un formidable renforcement du protectionnisme, à un système voisin de la prohibition. Il instaurerait entre les peuples le régime de *la nation la plus défavorisée.*

Heureusement la France a réussi à faire accepter, pour la rédaction de l'article 23 du Pacte de la Société des Nations, une formule moins absurde :

Les membres de la Société prendront les dispositions nécessaires pour assurer la garantie et le maintien de la liberté des communications et du transit, ainsi qu'un *équitable traitement* du commerce de tous les membres de la Société, étant entendu que les nécessités spéciales des régions dévastées pendant la guerre de 1914-1918 devront être prises en considération.

Mais tous les efforts dépensés à Genève ou à Bruxelles n'ont pas encore réussi, nous l'avons dit, à constituer une Société économique des Nations. Non seulement cette société serait incomplète sans l'adhésion des Etats-

Unis. Elle ne s'est même pas réalisée entre les Etats signataires du pacte.

L'Empire britannique ne forme pas, au même degré que l'Union américaine, un vase économique clos. Mais c'est singulièrement retarder que de voir dans l'Angleterre, entourée de ses Dominions, la patrie de Richard Cobden. L'esprit de Manchester peut continuer à vivre dans des clubs ou des sociétés; il peut inspirer, de l'un ou de l'autre côté du Détroit, d'éloquents *speeches* d'après dîner. La réalité, c'est la préférence impériale ; ce sont les prix d'exportation du charbon; c'est la législation *antidumping* qui, sous prétexte de défendre les chômeurs anglais contre le *made in Germany*, ferme le marché britannique aux nations dont la monnaie a le malheur de n'être point au pair de la sterling.

Il fut une heure tragique — l'heure fugitive où le sort de l'Empire britannique se jouait devant Amiens — il fut une heure où l'Angleterre, en élaborant son plan de préférence impériale, songeait à y faire place à la France, à la traiter, à l'instar de l'Australie ou du Canada, comme *sister nation*. Disons toute la vérité : nos gouvernants, impressionnés par les protectionnistes à outrance, laissèrent passer cette heure qui ne sonnera jamais plus. Si bien que l'un des résultats de cette guerre où Britanniques et Français tombèrent pour la même cause, c'est que les produits alsaciens et lorrains sont traités en Grande-Bretagne, aujourd'hui qu'ils sont français, moins favorablement qu'au temps où ils étaient étiquetés allemands !

Au protectionnisme à l'entrée s'est ajouté un protectionnisme dont on croyait aboli jusqu'au souvenir : le protectionnisme à la sortie.

Les Etats détenteurs de matières premières entendent garder ces matières.

Nous ne saurions trop le répéter ici, après l'avoir dit ailleurs : la France a eu le mérite de dénoncer à temps les dangers de l'imprudente politique d'égoïsme économique qui devait triompher à Versailles. Elle l'a fait durant les conférences de Paris, lorsque l'on pouvait encore adopter une politique de coopération internationale.

Le 6 mars 1919, la Délégation française à la Commission économique de la Conférence de la Paix, essayant de faire passer dans le domaine du possible et du réel la pensée confuse qui avait inspiré la troisième des Quatorze propositions Wilson, fidèle à la pensée déjà plus précise qui s'exprimait dans l'article 23 du Pacte, proposait entre autres mesures celle-ci :

> Dans le but de faire cesser, dans toute la mesure du possible, les rivalités entre les peuples pour la recherche des matières premières, supprimer de nombreuses causes de conflits économiques dangereuses pour la paix du Monde et neutraliser les inégalités naturelles provenant de la répartition géographique des richesses dans le Monde, les Pays alliés et associés décident, dès maintenant, que les matières premières destinées à l'industrie seront entièrement libres de droits, taxes et charges quelconques, directs ou indirects, tant à l'entrée qu'à la sortie.

La Délégation française, interprète de la pensée de son chef, le ministre Etienne Clémentel, énumérait ces matières essentielles : « peaux et pelleteries brutes ; laines en masse ou en peaux ; crins et poils bruts; soies en cocons, soies grèges, soies en bourre ou en masse ; engrais naturels, caoutchouc, gutta-percha ; liège brut, bois bruts ou simplement équarris ; coton brut, laine brute ou lavée; lin, chanvre, jute et autres végétaux filamenteux à l'état brut ; minerais et métaux en masses, lingots, saumons, etc. ; pierres et terres servant aux arts et métiers ; houille ; produits obtenus directement par la distillation du goudron de houille ; graines et fruits oléagineux. »

Cette proposition échoua devant l'intransigeance des Etats qui se considéraient comme largement pourvus de matières premières. En vain la thèse fut reprise, d'une façon retentissante, par M. Tittoni à Bruxelles en octobre 1920. En vain elle a été exposée, avec un admirable souci du détail, dans le rapport présenté par M. Gini à la Société des Nations en septembre 1921. Comme l'avait dit courageusement M. Tittoni, les Etats riches de matières ont voulu continuer à profiter de « la pénurie » des autres.

L'inégale répartition des matières, en imposant aux diverses nations une solidarité économique, devrait être un facteur d'entente et de paix. L'un de nos plus vieux économistes, Jean Bodin, le disait en 1568 : « Dieu a tellement départi ses grâces, qu'il n'y a pays au monde si plantureux qui n'ait faute de beaucoup de choses. Ce que Dieu semble avoir fait pour entretenir tous les sujets de sa république en amitié. » Hélas ! Bodin et Savary n'avaient pas prévu qu'il y aurait des Etats très riches et des Etats très pauvres, qu'il y aurait des Etats énormes, dont le sol, le climat, les capacités seraient tellement abondantes, qu'ils pourraient se passer des autres et dicter aux autres la loi.

L'Angleterre, nous l'avons dit, a fait surpayer aux autres son charbon. Les Etats-Unis, qui proclament l'égalité de tous les peuples devant le pétrole, réservent à leurs propres manufactures d'autres matières dont ils sont les principaux producteurs. Un Etat à possibilités illimitées, un Etat qui à lui seul représente les 8/10 de la production mondiale du coton, est maître de fixer à peu près à son gré les prix d'exportation du coton. Or, l'élévation anormale de ces prix sous l'influence d'un *corner* cotonnier au Texas, c'est immédiatement la famine du coton pour le Lancashire, pour la Saxe, pour la Haute-Alsace et les Vosges, pour Rouen, pour les *cotonifici* lombards. Mais se représente-t-on bien ce que veut dire une famine du coton ? Ce sont des millions de broches qui s'arrêtent, des centaines de milliers de métiers qui ne battent plus, des millions d'ouvriers, de femmes et d'enfants qui, sans métaphore, meurent de faim. Aucun blocus n'est plus terrible que celui que peut décréter, par un radio, un *corner* de Galveston.

Après quoi, lorsque l'on a imposé à une industrie un prix surélevé de la matière première, on lui chante les louanges de la liberté des échanges. « A bas les monopoles ! » s'écrient les Etats dont la fortune repose tout entière sur l'exploitation de quelques monopoles.

III

Contre ces monopoles, les Etats moins favorisés par la nature et par la récente histoire ont le droit et l'obligation de se défendre. Et ceci est notre troisième conclusion.

Tant que les peuples formeront des unités économiques fermées, il restera nécessaire, sous peine de mort, d'avoir une économie nationale, c'est-à-dire : de tirer du sol national et colonial le maximum de denrées et de matières qu'il peut fournir, de façon à en demander le moins possible aux Etats qui voudraient s'en réserver le fructueux monopole ; d'acheter le moins possible aux nations à monnaie forte, le plus possible à celles dont le change est à peu près égal ou inférieur au nôtre ; d'éviter le gaspillage par une plus complète utilisation des matières et des sous-produits, par une rénovation de l'outillage, par une organisation plus rationnelle de la main-d'œuvre ; de distribuer les tâches, par une sorte de mobilisation industrielle, entre les divers éléments de la nation et, par une répartition géographique du travail, entre les régions ; d'organiser le système des voies de communication de façon à rendre plus rapides et moins coûteuses la circulation intérieure des produits, la pénétration des matières premières, la sortie des marchandises d'exportation ; de promouvoir la recherche scientifique, à la fois l'étude de la science pure, seule génératrice des découvertes fécondes qui transforment le réel, et l'étude des applications pratiques, sans oublier l'étude des conditions économiques et sociales de la production et de l'expansion ; assurer cette expansion par la présence et l'action de nos producteurs et de leurs représentants sur les marchés extérieurs, et aussi par des tractations, conclues sur la base des échanges réciproques, et réciproquement avantageux, avec les autres peuples. C'est seulement par là, par ce dernier moyen très humble, que l'on arrivera peu à peu à sortir de l'état actuel de guerre économique et à préparer la solidarité économique de l'avenir, œuvre de longue haleine, dont nos yeux ne verront sans doute pas l'achèvement.

Mais, pour ces diverses tâches il est vain, surtout en France, de compter exclusivement sur l'initiative individuelle. Il faut être un théoricien doué d'un robuste optimisme pour croire que les intérêts particuliers s'aimantent toujours et d'eux-mêmes vers le pôle de l'intérêt général. A la lutte que nous sommes bien obligés d'engager — puisque nous vivons en une phase de l'histoire dont la loi est une loi de lutte — il faut une discipline. Et assez sévère

Cette discipline, qui peut la donner? Nulle autre puissance que l'Etat. Or il est facile de démontrer que l'État actuel en est incapable. Mais il serait plus intéressant de se demander pourquoi. Si l'on voulait bien prendre la peine d'analyser ce problème, on s'apercevrait assez vite que l'État actuel, — c'est-à-dire l'Etat de l'an VIII — a été conçu, organisé, équipé pour répondre à des exigences qui n'ont rien de comparable avec celles du temps présent. Notre forme politique n'est plus en accord avec notre réalité économique. De là notre impuissance. Pour remplir son rôle indispensable de directeur de l'économie nationale, tout à l'État français est une entrave : le triple dogme, néfaste comme le deviennent les idées mortes, de l'universalité, de l'annalité, de la spécialité des budgets ; la concentration dans les bureaux de l'exécutif et dans les assemblées parlementaires d'une activité qui devrait être localisée, en vue d'obtenir des solutions rapides, précises, adéquates à l'objet du problème ; un mode de nomination et d'avancement des fonctionnaires qui crée l'irresponsabilité et tue l'initiative, si bien que les mêmes hommes, qui sommeillent dans la routine des services de l'Etat, révèlent toutes leurs qualités dès qu'ils passent dans l'industrie privée ; des procédés de contrôle enfin, dont la lenteur n'a d'égale que l'inefficacité pratique et dont l'effet le plus apparent est de ruiner l'Etat sous prétexte de sauvegarder les deniers publics : un contrôle qui oblige tel comité de publications scientifiques à attendre, pour imprimer un livre, la signature qui viendra quand les prix du papier ou les tarifs de l'Imprimerie nationale auront monté de 25 p. 100; un contrôle qui empêche tout établissement français de l'étranger, à 1.000 kilomètres du Louvre, de faire ses achats de combustible quand le bois est à bon marché sur les quais de la ville lointaine[1]...

Etant purement formel, il n'empêche pas les malhonnêtetés. Il s'oppose seulement à toutes les mesures hardies et rapides, à celles dont la rapidité même est une condition de succès.

En somme, aujourd'hui, c'est le Contrôle qui commande. Tout est subordonné à la vérification d'un mandat. Il faut que tout soit réglementaire, autrement nous sommes perdus. Le 2e Territoire doit marcher comme un département quelconque. Où en serions-nous, à Lang-son, si j'avais agi d'après ces procédés?... Nous n'avons obtenu ces résultats, au 2e Territoire militaire, que parce que nous avons opéré en dépit des règlements. Vous parlez colonisation, on vous répond : vérification des mandats, règlements, etc. Vous dites : Bugeaud, Lanessan, Cecil Rodes, on vous répond : directeur du contrôle. Et cela, non seulement aux colonies, mais en France, partout[2].

Celui qui — des marches du Tonkin naissant encore — celui qui écrivait ces lignes s'y connaissait en matières d'initiatives, audacieuses, soudaines et salvatrices. C'est ce Galliéni qui dit un jour, en pleine

1. Je cite ici des faits réels, constatés par moi-même, et non des espèces imaginées pour les besoins d'une cause.

2. P. B. Gheusi. *Galliéni*. p. 49.

Chambre : « Ou je tuerai la paperasse, ou elle me tuera ». Elle l'a tué.

Tel qu'il le décrit en cette page — « non seulement dans les colonies, mais en France, partout » — l'Etat français, cet État que la forte main du premier Consul avait modelé pour d'autres tâches, est condamné à mal gérer son propre domaine industriel et à gérer plus mal encore les affaires économiques de la nation.

L'Etat mauvais industriel, mauvais commerçant : cela c'est le cri de tous. Oui, mais il faudrait voir que nous sommes enfermés dans ce dilemme : ou l'Etat, chez nous comme ailleurs, se réformera de façon à jouer son rôle, nécessaire en ce moment de l'histoire, de directeur de l'économie nationale ; ou nous mourrons. Ce n'est pas un caprice, ni une vue de l'esprit ni je sais quelle admiration archéologique pour un conseiller de Henri IV, ou pour un Richelieu ou un Colbert, ce sont les faits qui imposent à l'Etat d'aujourd'hui des tâches nouvelles. Il ne peut s'y dérober. Et cependant, tel qu'il est, il est incapable de les accomplir. Dilemme, nous le repétons, mortel, si nous ne savons en sortir.

De ces deux issues, laquelle vous paraît la meilleure : continuer à railler ou, si tel est votre tempérament, à injurier l'Etat industriel, ou bien, pour continuer d'être, industrialiser l'Etat français ?

Ce n'est pas en invoquant des doctrines que l'on sortira de ce dilemme.

TABLE DES MATIÈRES

ÉVREUX IMPRIMERIE CH. HÉRISSEY. 499

www.ingramcontent.com/pod-product-compliance
Ingram Content Group UK Ltd.
Pitfield, Milton Keynes, MK11 3LW, UK
UKHW022014170726
13837UKWH00001B/180

9 782329 174822